동명 강석진의 불교사상

따뜻한 바람 같은 배려의 CEO

동명 강석진의 불교사상

따뜻한 바람 같은 배려의 CEO

윤미영 지음

한국학술정보㈜

2009년 화창한 3월 '역사와 현실' 수업 중에 학생이 질문을 한 적이 있었다. "강석진 이사장의 명예가 회복되었다는 현수막을 봤는데 어떤 내용인지 알고 싶습니다." 그래서 "자세한 것을 알고 싶으면 '동명기념관'을 참관하라."고 했다. 동명기념관을 참관하고 온 그 학생은 "고(故) 강석진 이사장에 대한 업적과 활동 등은 자세히 알 수 있었으나 신군부에 의해 왜 악덕 기업주로 몰렸는지, 당시 민주주의는 어떤 실정이었는지, 명예회복의 내용은 무엇인지 등에 대한 해답은 도저히 찾을 수가 없었다."고 토로했다. 확인하고자 하는 마음으로 동명기념관을 방문했고, 그 학생의 말은 정확한 판단이었다.

동명 강석진(姜錫鎭, 1907~1984)은 불우한 환경, 고난과 시련 속에서도 초지일관 근검과 절약, 신의와 정직, 근면과 성실로 삶을 개척해 나감으로써 마침내 한 나라의 목재왕·수출왕·납세왕이라는 칭호와 함께 1960~1970년대 조국 근대화의 기수로서 고도 산업사회의 건설과 국가 경제성장 발전의 견인차(牽引車) 역할을 했으며 부와 명성을 세상에 떨치게 된 입지적인 인물로 세인의 추앙을 받게 된 사람이다.

동명 강석진은 기업가이면서 사회사업가였다. 그의 일생을 돌이켜 보면 성공한 기업가로 수많은 영광과 업적이 기록되어 있다. 그러나 그의 경력 중에서도 단연 돋보이는 분야가 국가안보에 진력한 공로이며 이러한 경력은 호국불교 사상과 연결되어 그의 종교관의 뚜렷한 특색으로 남아 있다. 그는 우리 민족사에 나타나는 호국불교의 전통을 현재 우리 민족이 처해 있는 분단의 상황에 적용시켜 비극적 현실을 타개하는 지혜로 삼으려 했고 호국불교의 전통을 되살려 호국안보의 정신을 세우려 하였다.

동명 강석진은 80여 년 평생을 대자대비하신 불타의 정신으로 이 나라 불교중흥과 지역사회 발전에 크나큰 업적을 남겨 두었고 한 시대를 살아온 역사의 증인으로서 부처님의 가르침을 널리 홍보하는 데 힘을 아끼지 않았다. 동명불원의 설계와 건축·감독 등을 직접 맡아서 8년간의 세월 동안 한결같은 신념으로 동명불원을 창건한 일과 국군 장병들의 신심과 사기를 높이기 위하여 1972년 1,000만 원을 희사하여 군수기지 사령부에 금련사를 건립해 주었을 뿐만 아니라 진해 해군사관학교에 1,700만 원을 들여 호국사를 세운 일 등이 이를 뒷받침해 주고 있다. 이러한 불사는 평소 그의 국가관과 헌신적인 희생정신이 없었으면 이룩할 수 없었던 것이다.

동명 강석진의 사회활동의 철학은 불교의 보시정신에 입각한 생활철학이다. 힘들고 난해한 불법의 해석과 추구는 그의 목적이 아니었다. 오로지 부처의 가르침과 법에 따라 꾸준히 보시를 행하고 실천하는 것을 자신의 생활실천 덕목으로 삼은 것이다. 불우한 이웃·청소년을 위한 사업으로 B.B.S 운동과 출소자를 위한 갱생보호사업을 이끌어 나가면서 자신의 재산을 나누어 무소유의 보살행을 실천하였다.

그는 불우한 청소년과 출소한 재소자들에게 자립의 여건을 만들어 주는 것이 우선적인 과제라고 생각했다. 먼저 생계 보조금을 지원하고 직업훈련 및 취업알선으로 자립을 위한 토대를 마련해 주고자 하였다. 일단 생업자금을 주고 나면 어떻게 사용하는지를 세밀히 살폈다. 또 그는 편지를 통해 한 가족처럼 격려하고 자신감을 가지고 용기 있는 생활을 할 수 있도록 아낌없는 후원을 약속했다. 이렇게 그는 불우한 청소년·출소자들과 편지를 주고받으며 그들과 소통을 했고 그들을 이해하며 사랑 나누기를 실천했다.

어려운 환경에 처한 사람들에게 동명 강석진의 진솔한 인생고백은 사막의 오아시스처럼 희망을 샘솟게 한다. 그는 자신이 성공한 이유를 불우한 환경에서 찾고 있다. 이와 같이 치열한 삶의 현장에서 고난의 강을 건너는 모든 사람들에게 강석진의 생애는 희망이 될 수 있으리라. 그는 불우한 어린 시절을 겪었기에 겸손하게 감사하면서 섬기는 마음을 가질 수 있었다. 대기업가로서 억만의 재물을 소유하면서도 언제나 가을철 누른 들판의 알찬 벼이삭처럼 모든 사람들에게 인간적 예를 다하는 겸손한 마음으로 일관되게 처신하였다는 점에서 생전 고인의 자취는 더욱 돋보이고 그런 이타적인 인간성에 존경의 마음을 느끼게 되는 것이다.

영광과 성취의 정상에 올라섰을 때 그에게는 청천벽력 같은 날벼락이 떨어졌다. 1979년 12·12사태로 권력을 손에 넣은 신군부는 1980년에 들어 5·17 비상계엄의 전국 확대, 5·18의 광주항쟁 그리고 5월 31일 국가보위비상대책위원회의 발족 등 일련의 초헌법적 조치로 인간 강석진의 모든 것을 앗아 가고 말았다. 한 인간으로서 혹은 기업가의 한 사람으로서 온갖 역경과 시련을 물리치고 쌓아 올린 빛나는 금자탑은 허망하게 그것도 남의 손에 의하여 너무나 허망하게 무너지고 말았다. 그는 마지막 숨을 거두면서 "내가 무슨 죄를 지었기에, 내가 무슨 못 할 짓을 하였기에.”라는 말을 남기고 조용히 눈을 감았다.

1980년대 국내 10위권 기업이었던 동명목재 재산 헌납사건은 당시 신군부가 고문 등으로 기업주를 악덕 기업인으로 몰아 재산을 몰수한 ‘강제헌납’이었다는 진실화해를 위한 과거사정리위원회(진실화해위)의 결정이 나왔다. 진실화해위는 “국가보위비상대책위원회 등이 동명목재의 창업자인 고(故) 강석진 회장과 그의 아들 강정남 이사장 등을 반사회적 기업인으로 지목해 명예를 훼손했고 범죄혐의가 없는데도 강제 수사를 하면서 고문 등의 가혹행위를 저질렀다.”고 밝히고 피해자와 그 가족에게 사과하고 재발방지에 힘쓸 것을 국가에 권고했다. 2008년 10월, 이와 같은 결정 소식을 전해 들은 강정남 이사장은 선친이 안치된 동명불원을 찾아 결정문을 묘비 앞에 놓고 “28년이 지나서야 누명을 벗었다.”며 눈물을 쏟았다고 한다.

정권의 입맛에 따라 역사서는 가려지고 지워지고 재편집되게 마련이다. 조선시대 실록이 그랬고 현 정권에 이르기까지 여전히 반복되는 흐름이다. 그러나 그때마다 정의를 세우기 위해 기꺼이 피를 흘린 사관들 덕분에 끝끝내 진실은 햇살 아래 적나라하게 모습을 드러냈고 궁극적으로 진실을 향해 나아갈 수밖에 없음을 역사는 증명하고 있다.

대동법(大同法)을 시행하여 백성의 안위와 실리를 추구하던 광해군(光海君)이 양반 지주들에 의해 폐위된 후 「광해군일기」는 실록이라는 이름도 얻지 못하고 일기로 격하되었다. 그리고 양반들의 힘을 입어 등극한 인조정권은 「광해군일기」를 수정하여 광해군의 치적을 삭제하고 고쳤다. 그로 인해 광해군은 폐주(廢主)로 낙인 찍혀 오늘날까지 임금의 호칭을 얻지 못하고 있다.

그러나 놀랍게도 인조정권이 수정한 「광해군일기」는 『조선왕조실록(朝鮮王朝實錄)』 중 유일하게 중간 기록본이 발견되어 승자가 무엇을 고치고 또 무엇을 감추고 싶어 했는지 알 수 있게 되었다. 명명한 증거에 따라서 광해군은 이제 개혁군주로 새롭게 평가받고 있다. 그런데 이런 비극은 조선왕조에서만 일어난 일이 아니다. 진실이 밝혀졌음에도 불구하고 여전히 광해군을 왕이라 부르지 못하고 군으로 칭하는 지금 우리의 한계가 이런 비극을 부른 것은 아닐까?

과거에 대한 바른 재평가야말로 우리의 현재를 진실한 역사로 쓰기 시작하는 첫걸음이다. 무력과 회유로 역사를 고치고 산 자의 입을 막아도 진실은 반드시 드러난다. 승자의 입맛에 따라 지우고 고쳐 써도 역사의 도도한 물결은 거스를 수 없으며 진실은 언젠가는 하나씩 벗겨져 우리 앞에 진정한 모습을 드러낸다는 것을 보여 준다.

강좌 '역사와 현실'은 제대로 된 평가를 바탕으로 역사를 이성적으로 파악하고 올바르게 인식할 수 있도록 길을 열자는 데 있다. 『동명 강석진의 불교사상』이 겨냥하는 부분이 바로 그것이다. 그래서 학생들에게 강석진의 생애와 활동, 회사명이면서 그의 아호(雅號)인 동명(東明)의 의미와 고구려 정신을 이야기했고 동명문화원을 참관하도록 권장했다. 말년에 온몸으로 지켜 온 동명대학교를 그가 얼마나 사랑했는지를 알려 주고 싶었고 나아가 학생들에게도 애교심을 불러일으키는 데 일조(一助)가 되고 싶었다. 그의 보시정신과 특히 청소년을 사랑했던 깊은 마음이 스며들어 와 『동명 강석진의 불교사상』이라는 책을 쓰게 만든 것처럼 학생들도 그 정신을 느낄 수 있었으면 하는 간절한 마음이다.

　요즘 젊은 세대는 동명 강석진 회장을 잘 모른다. 그래서『동명 강석진의 불교사상』은 누구나 알고 있는 위대한 역사적 영웅과 동명 강석진의 업적을 비교·연구함으로써 쉽게 다가갈 수 있도록 설정하였다. 그리하여 학생들이 미래의 이정표를 세울 때 동명 강석진의 사상과 업적이 밑바탕이 되기를 희망한다.

　영국의 아놀드 토인비(Arnold Joseph Toynbee)는 20세기 가장 위대한 역사학자 중 한 명이다. 옥스퍼드대학 교수였던 그가 세상을 떠나기 몇 년 전 옥스퍼드 학술회의에서 연설을 한 적이 있다. 이 자리엔 수많은 학자들과 학생·언론인들이 참석했다. 연설이 끝나자 누군가 자리에서 일어나 그에게 흥미로운 질문 하나를 던졌다.

　"당신은 오늘날 가장 위대한 역사학자로 존경받고 있습니다. 만약 200~300년 뒤 역사가들이 20세기 가장 중요한 사건을 꼽으라고 한다면 무엇을 꼽을 것이라고 생각하십니까? 제2차 세계대전이나 아돌프 히틀러(Adolf Hitler)의 대량학살일까요? 아니면 공산주의의 몰락 또는 여성인권의 신장인가요? 우리 시대의 최고의 사건은 과연 무엇일까요?"

　그러자 토인비는 일말의 주저함도 없이 이렇게 말했다. "동양의 불교가 서양으로 건너와 기독교를 대체하는 일이지요." 너무나 의외의 답변 앞에 청중들은 할 말을 잃었다. 그날 그의 말은 생전에 남긴 대표적인 말로 기억되고 있다. 그는 인간문명에 대해 방대한 역사를 썼고 수많은 칼럼을 썼으며 세계적으로 많은 연설과 강연을 했지만 이제 많은 이들은 아놀드 토인비 하면 '동양 불교의 서양 유입'을 먼저 떠올린다.

지금 전 세계 사람들은 새로운 세기에 맞는 새로운 철학이 무엇인지 찾고 싶어 한다. 한국 역시 마찬가지다. 아마 지난 세기를 되돌아보면 즐거움보다는 회한이 더 많았기 때문이라 여겨진다. 경제적 진보는 이뤘지만 전쟁·폭력·환경파괴는 우리의 생존을 위협하고 있다. 미래는 어둡고 길은 보이지 않는다. 이미 60억 명이 넘어 버린 인구는 지구를 만원으로 만들고 있고 천연자원은 바닥나고 있으며 무절제한 소비와 쓰레기는 기후 패턴마저 변화시키고 있다. 우리는 지난 세기 이것을 '진보'라고 생각했다.

아놀드 토인비의 예언은 정확히 적중한 것이다. 서구 역사는 과학발전의 역사다. 좀 더 나은 것, 좀 더 편리한 것, 좀 더 빠른 것을 위해 오직 앞으로 나아갔다. 그러다 어느 순간 '왜? 무엇을 위해?'라는 질문 앞에 당혹스러워하고 있다.

지금 서양인들이 찾고 있는 새로운 세기의 철학은 동양사상이다. 미국과 유럽의 지식인과 젊은이들을 중심으로 수많은 사람들이 신사상인 동양사상에 심취해 가고 있다. 그중에서도 불교는 거대한 홍수처럼 유행처럼 번지고 있다. 미국 할리우드 스타들과 모델들에서부터 작가·예술가·철학자에 이르기까지 불교를 통해 상처와 문제투성이인 세상을 치유하기 위해 고심하고 있다. 프랑스·폴란드·이탈리아·러시아에서도 불교 신자들은 빠른 속도로 늘어나고 있다. 1996년 시사주간지 『타임(TIME)』은 미국 불교 신자 수가 적어도 1,000만 명이라고 추정했다. 지금은 그 이상일 것이다. 미국에는 현재 불교 사찰과 명상센터가 3,000여 개에 이른다.

동명 강석진의 기업경영철학인 7대 철리(哲理)와 보시정신도 모두 불교가 바탕이었다. 그는 불교적 덕목을 경영에 도입함으로써 인간과 인간 그리고 인간과 자연을 함께 살리는 방법을 통하여 국가와 사회 발전의 정신적 계기를 제시하였다. 기업인 강석진은 불교 卍 자의 양상에서 묘리를 깨달았다. 강석진의 참모습을 찾아보는 데는 무엇보다 부처님의 卍 자에서 터득한 그의 철리를 이해하는 것이 첩경이다. 그는 스스로를 목수라고 자처하면서 기술자의 안목으로 卍 자가 지닌 조형적·역학적 원리인 7대 철리를 아래와 같이 정의하였다.

- 수평 – 공평한 상이다. 어느 쪽에도 기울이지 말자.
- 정각 – 정심의 촉발이다. 빠르고 올바르게 깨닫자.
- 직선 – 직립선의 상이다. 과감하게 어김없이 하자.
- 균형 – 존립의 원칙이다. 전후좌우를 잘 맞추자.
- 중심 – 통할의 원점이다. 잡은 이정은 흔들리지 말자.
- 역학 – 정신과 육체의 정이다. 온 힘으로 일하자.
- 원 – 우주의 진리다. 원만하게 두루 통하자.

그는 불교에 귀의하면서 인내심 하나만으로 살아왔으며 투박하고 강직한 성격이나 모든 공적을 남에게 돌리는 겸양의 미덕을 갖추고 대승불교의 기본교리를 수행하려고 노력하였다. 교리의 형식과 접하지는 않았지만 목수로서 기술에 열중했기 때문에 卍 자의 진리가 곧 자기 기술과 같다고 표현하였다. 그의 7대 철리는 일생을 살아가며 자신이 지켜야 할 지표였으며 남에게도 규범으로 요구한 철칙이었다. 그의 이러한 철칙은 불법의 오묘한 원리와 통하는 탁월한 윤리규범이라고 할 수 있다.

경쟁을 통한 개인의 자본축적은 인정하되 그 쓰임새는 남과 함께 하는 데 써야 한다는 것이 그의 지론이었다. “엄청난 부와 황금이 있고 먹을 것이 많은 사람이 다만 혼자서 누리고 먹는다면 이것은 파멸의 문이다."라는 『숫타니파타(Suttanipata)』의 가르침도 이러한 맥락에서 이해하면 좋을 것이다. 다시 말해 자신이 잘살기 위해서는 반드시 남을 도와야 하며 남을 도움으로써 더불어 자신도 나아질 수 있다는 식의 경영관은 불교의 '자비'에 근거한 것이다.

1980년 5월, 어이없게도 반사회적 악덕 기업인이란 누명을 쓰고 동명목재와 함께 한평생 쌓아올린 부와 명예를 송두리째 빼앗기는 비운을 맞은 것이다. 그러나 참고 견디어 나갔다. 참는 것이 이기는 것임을 잘 알고 있는 그였기 때문이다. 그러한 원천은 불교였다. 불교는 마음의 집착과 번뇌를 어떻게 벗어 버리는가에 대해서 끊임없이 통찰을 갖게 하는 종교다. 그가 이렇게 큰마음을 갖고 고통스러울 때 그것을 이겨내는 데 힘을 준 종교가 불교였다. 그는 이 모든 것을 참고 견디어 냄으로써 마음의 평정을 찾으려 애썼고 사필귀정(事必歸正)으로 언젠가는 진실이 밝혀지리라는 믿음을 버리지 않았다. 탄압과 고통의 시기를 그는 아름답게 견뎌냈던 것이다.

동명 강석진에 대한 연구는 동명문화원에서 발간하는 『동명문화』 1∼6집의 내용을 살펴보면 두 부분으로 나눌 수 있다. 그것은 바로 동명 강석진의 기업경영이론과 교육관에 대한 것이다. 강석진은 자신이 추구하고 있는 사회적 문제해결 논리를 불교의 역사성에서 찾아 그 정신을 사회에 전달하여 당면한 현실적 문제를 해결하려 하였다. 그의 기업경영철학 7대 철리와 보시정신은 모두 불교가 바탕이었다. 그의 불교사상에 관련된 연구 현황을 살펴보면, 강창석의 「동명의 종교관」이라는 단 1편의 논문만 있을 뿐 거의 전무한 상태라고 할 수 있겠다.

　강석진의 사회사상은 불우 청소년에 대한 관심과 교육에 대한 열정 그리고 안보통일 이념과 국가발전에 대한 희원으로 집약될 수 있다. 그의 이러한 사상적 희망사항에 행동적 동기가 부여되고 사상의 구체적 운용지침이 있을 때에 강한 성취동기가 나타나게 된다. 그에게 있어서 자신의 사회적 희망사항을 성취하기 위한 행동적 동기는 불교에의 귀의로 인하여 나타났던 것이다.

　또 그의 불교사상은 국난극복을 위한 순교정신이 바탕이 되어 있었다. 그는 민족사의 호국불교 전통을 현재 우리 민족이 처해 있는 분단의 상황에 적용시켜 비극적인 현실을 타개하는 지혜로 삼으려 하였다. 그러한 그의 정신은 불교에 내포되어 일신해탈을 위한 수행적 기능보다 불교사상의 역사적 맥락에서 문제해결의 기능을 탐구하였다.

　『동명 강석진의 불교사상』은 충효사상으로 지어진 동명불원, 동명 강석진의 호국불교사상과 활동, 동명 강석진의 보시사상과 실천불교, 공자와 강석진의 지도자 자질에 대한 리더십 비교 등 모두 4장으로 구성됐다. 특히 강석진이 불제자로서 당시의 불교종단에 미친 영향은 지금도 뚜렷이 우리의 주변을 에워싸고 있다. 물질과 경쟁 위주의 사회에서 지나치거나 상처 입은 많은 대중들을 동체대비(同體大悲)의 사상으로 포용하고 모두가 더불어 자유롭고 편안하게 살 수 있는 불국토를 이루고자 했던 그의 불교사상을 살펴보려고 한다. 강석진이 이루어 놓은 업적 중에서도 특히 종교적 측면에서 강석진의 내면세계를 조감하는 것은 격동의 한 시대를 살다간 그의 진정한 면모를 볼 수 있는 가장 가까운 지름길이 될 것이다.

　동명 강석진은 시대를 앞선 인물이었다. 빈손으로 부를 일구었고 모든 것을 다 주었다. "사람 때문에 번 돈은 사람을 위해서 쓴다."고

하면서 힘든 세상을 살맛 나게 하는 사람이었다. 그의 위대한 나눔은 은광연세(恩光衍世) 즉 은혜의 빛이 세상에 널리 퍼진다는 뜻으로 우리도 그렇게 항상 베풀며 살았으면 한다.

2010년 8월 11일

여래향

제1장

충효사상으로 지어진 동명불원

〈아름다운 마무리〉

-법정 스님

아름다운 마무리는 내려놓음이다.
아름다운 마무리는 비움이다.
아름다운 마무리는 용서이고, 이해이고, 자비이다.

아름다운 마무리는 처음의 마음으로 돌아가는 것이다.
일의 과정에서 길의 도중에서
잃어버린 초심을 회복하는 것이다.

아름다운 마무리는 근원적인 물음
'나는 누구인가' 하고 묻는 것이다.
삶의 순간순간마다
'나는 어디로 가고 있는가?' 하는 물음에서
그때그때 마무리가 이루어진다.

아름다운 마무리는 내려놓음이다.
내려놓음은 일의 결과
세상에서의 성공과 실패를 뛰어넘어

자신의 순수 존재에 이르는 내면의 연금술이다.
아름다운 마무리는 비움이다.
채움만을 위해 달려온 생각을 버리고
비움에 다가가는 것이다.

그러므로 아름다운 마무리는 비움이고
그 비움이 가져다주는 충만으로 자신을 채운다.
아름다운 마무리는
용서이고, 이해이고, 자비이다.
용서와 이해와 자비를 통해
자기 자신을 새롭게 일깨운다.

문제제기

21세기를 특징짓는 변화 가운데 하나는 지난 세기 세계를 이끌었던 서구중심의 문화로부터의 탈피가 심화되고 있다는 것이다. 이는 이성과 합리성을 바탕으로 한 개발과 물량 위주로 인한 서구 근대정신의 폐해와 한계를 극복하여야 하는 과정에서 자연스럽게 인류문명의 중심이 동양으로 옮겨 올 것이라는 전망을 내놓고 있다.

특히 대한민국에서 어느 국가도 내놓을 수 없는 독특한 전통 문화를 찾는다면 그것은 '효(孝)' 사상일 것이다. 일찍이 20세기 역사학자 아놀드 토인비(Arnold Joseph Toynbee, 1889~1975)는 "장차 한국문화가 인류문명에 기여할 것이 있다면 그것은 부모를 공경하는 효사상일 것이다."라고 이미 언급하고 있다.

그러나 우리의 현실은 어떠한가? 우리 사회에서 가장 중요한 가치이며 모든 도덕과 윤리의 기준이었던 효가 지금 실종되고 있다. 우리 사회가 산업화되는 과정에서 전통 윤리관은 역사발전을 거역하는 장애물처럼 여겨져 평가 절하되었지만, 여전히 효의 본질만은 세계적이고 보편성을 가진 윤리 규범임에는 틀림없다.

효는 유교의 전유물이 아니라 고조선과 삼국시대부터 내려온 한민족의 고유 사상이었다. 옛 성인이 "효는 덕(德)의 근본이요, 만행(萬行)의 근원이며 가르침(敎)의 시작"이라고 했듯이 한국 정신문화의 정수이며 사회질서의 원동력이고 도덕과 윤리의 기본 잣대로 여겨 왔던 효를 회복하여 정신문화의 혼돈과 사회 병리 현상을 치유하는 처방책으로 제시하자고 사회학자들은 제안을 하고 있다.

도올(檮杌) 김용옥(金容沃)은 2009년 10월, 『불교신문』과의 인터뷰에서 "효는 인간이라면 누구나 가질 수 있는 가장 원초적인 마음이다. 효는 자연발생적인 쌍방적이고 가장 인간적인 것이다. 불교가 협애한 가족주의를 벗어나야 하는 종교임에도 효를 상당히 강조하는 까닭이다."라고 하였다.

그는 최근 유교경전 『효경』 번역서를 출간하면서 현대 사회윤리의 새로운 패러다임으로 효의 담론을 끌어냈다. 진정한 효는 아래서 위로의 복종이 아닌 위에서 아래로의 무한량한 은혜에 따른 최소한의 갚음이며 이는 불교경전 『부모은중경』의 핵심이라고 주장했다. 따라서 "조선왕조 속에서 우리 불교는 결코 세속적 윤리를 거부한 종교가 아니다. 『부모은중경』의 위대한 측면은 『삼강행실도』가 강요하는 복종의 윤리를 하해(河海)와도 같은 자비의 윤리로 바꾸고 있다는 것이다."라고 설명했다.

우리나라에서도 예로부터 큰 효로 꼽히는 사례가 많이 있다. 불교와 관계가 있는 효의 이야기로는 김대성의 이야기일 것이다. 그는 착한 보시의 영험을 얻어서 양친을 위해 불국사를 세우고 전생의 부모를 위해서 석굴암을 세웠으며 아름답고 큰 불상을 설치하여 부모의 양육한 수고를 갚았으니 그는 한 몸으로 전세와 현세의 두 부모에게 효도를 다 한 셈이었다.

조선 제22대 개혁군주 정조(正祖)는 즉위 초 왕실의 원당 사찰 건립을 금지하고 승려의 도성 출입을 금지하는 등 억불정책을 폈다. 28세의 젊은 나이로 부왕에 의해 뒤주에 갇혀 숨진 아버지 사도세자의 원혼이 구천을 맴도는 것 같아서 괴로워하던 정조가 승려 보경(寶鏡)으로부터 『불설대보부모은중경(佛說大報父母恩重經)』 설법을 듣게 되고 이에 크게 감동하여 '불교의 효와 유교의 효가 다르지 않구나.' 생각하고 불자로서의 자세를 가지게 된다.

그는 부친의 넋을 위로하기 위해 경기도 양주 배봉산에 있던 부친의 묘를 천하제일의 복지라는 현륭원(융릉)으로 옮기면서 이듬해 아버지의 명복을 빌고자 능침원찰 '용주사(龍珠寺)'를 140칸 규모로 지었다. 정조를 이렇게 변화시킨 것으로 꼽히는 게 『불설대보부모은중경』이다. 승려 보경에게서 받아 읽고는 크게 회심하여 자신의 명령까지 어겨 가며 능사를 건립했다고 한다. 또 한문·언문·그림으로 제작한 『부모은중경』 목판본을 시주해 백성의 효심을 일깨우는 거울로 삼도록 했다.

1920년 소년 강석진은 큰 꿈을 안고 부산으로 왔다. 부산의 좌천동 일본인 가구공장에서 사환 겸 견습공으로 사회의 첫발을 내디뎠다. 부지런하고 근검절약 정신이 투철했던 청년 강석진은 스무 살도 채 되지 않았을 때 이미 사업가로서의 출사표를 던졌던 것이다. 누구나 어려웠던 시절이었으나 그는 오로지 자신의 사업을 이루어 꿈을 실현하고자 피나는 노력을 기울여 결국 1960년대 한국 합판공업의 선두주자로 수출입국의 견인차 역할을 완수하였다.

강석진은 특히 유교의 효에 대한 개념과 불교의 『부모은중경』에 나오는 가르침을 강조하였다. 『사리불문경(舍利弗問經)』에는 "재가의 사람은 부모가 낳아서 길러 준 은혜를 깊이 알아야 한다."라고 하여 은(恩)의 중요성을 강조하고 있는데 그가 말년에 지극정성을 들여 건립한 '동명불원'이 그러한 신념의 소산이다.

그는 부모님을 천도 극락하고 자신의 마지막 유택을 불법의 정기가 넘치는 가람(伽藍)에 의지하여 생전에 못다 한 효도를 부모님의 왕생극락을 기원하며 갚으려 하였다. 특히 재가불자에게 있어 부모님에게 효도하고 그 은혜에 보답하는 것이야말로 반드시 지켜야 할 윤리인 것이다. 강석진이 사재를 털어 말년의 희원을 다하여 원찰(願刹)을 세웠던 것은 부모님의 은혜를 부처님의 법계에서 갚으려 한 것으로 기억되어야 할 것이다.

동명 강석진에 대한 연구는 동명문화원에서 발간하는 『동명문화』 1~6집의 내용을 살펴보면 크게 두 부분으로 나눌 수 있다. 그것은 바로 동명 강석진의 기업경영이론[1]과 교육사상[2]에 관한 것이다. 강

---

1) 천덕호의 「부산경제발전과 동명의 역할」, 박택륜의 「동명의 기업윤리관」, 서상현·여성우의 「동명의 경영이념에 대한 마케팅론적 관점에 의한 재해석과 구현방안에 관한 연구」, 정원일·허진영·신인식의 「동명의 경영이념 재해석을 통한 동명전문대학 VI디자인(안) 개발 연구」, 조창덕의 「동명의 경영정신」, 장태윤의 「동명 강석진 박사의 경영이념과 인본주의」, 박춘광의 「동명의 창조적 경영정신을 바탕으로 한 가치지향의 경영관」 등의 논문이 있다.

2) 장길환의 「동명사상의 교육실천화 방안연구」, 박장춘의 「건학정신과 동명사상」, 장미옥의 「동명정신의 구현을 위한 전문적 계속 교육: 대학의 역할과 학습프로그램 개발」, 박택륜의 「동명의 교육관」, 이준호의 「동명사상의 정보화교육으로의 구현에 관한 연구」, 이영재·김병옥의 「동명의 교육관을 21C형 교육적 패러다임으로 계승한 네트워크 학습체제」, 서상현·정이상의 「동명의 리더십과 동명대학 조직문화와의 관계에 관한 고찰」 등의 논문이 있다.

석진은 자신이 추구하고 있는 사회적 문제해결 논리를 불교의 역사성에서 찾아 그 정신을 사회에 전달하여 당면한 현실적 문제를 해결하려 하였다. 그의 기업경영철학 7대 철리와 보시정신은 모두 불교가 바탕이었다. 그의 불교사상에 관련된 연구 현황을 살펴보면, 강창석의 「동명의 종교관」이라는 단 1편의 논문만 있을 뿐 거의 전무한 상태라고 할 수 있겠다.

동명 강석진은 기업가이면서 사회사업가였다. 그에게 있어서 자신의 사회적 희망사항을 성취하기 위한 행동적 동기는 불교에의 귀의로 인하여 나타났던 것이다. 그는 불교적 덕목을 경영에 도입함으로써 인간과 인간, 인간과 자연을 함께 살리는 방법을 통하여 국가와 사회발전의 정신적 계기를 제시하였다. 그의 기업경영철학 7대 철리와 보시정신도 모두 불교가 바탕이었다. 무엇보다 부처님의 卍 자에서 터득한 그의 철칙은 불법의 오묘한 원리와 통하는 탁월한 윤리규범이라고 할 수 있다.

또 강석진의 불교사상은 국난극복을 위한 순교정신이 바탕이 되어 있었던 것이다. 그는 민족사의 호국불교 전통을 현재 우리 민족이 처해 있는 분단의 상황에 적용시켜 비극적인 현실을 타개하는 지혜로 삼으려 하였다. 그러한 그의 정신은 불교에 내포되어 일신해탈을 위한 수행적 기능보다 불교사상의 역사적 맥락에서 문제해결의 기능을 탐구하였다.

「충효사상으로 지어진 동명불원」에서는 먼저 한국 정신문화의 정수이며 도덕과 윤리의 기본 잣대로 여겨 왔던 효사상을 불교 입장에서 살펴보고, 동명 강석진의 생애와 효사상 그리고 생전에 못다 한 효도를 불사를 지어 부모님 은혜를 갚으려 했던 동명불원의 건립동기와 그 특징에 대하여 설명한다.

종교적 활동에 관한 그의 내면적 사상체계는 과연 무엇이었을까? 한 사람의 기업가가 불자로서의 보살행을 행할 수 있었던 그의 종교적 의미를 알아보고자 하는 것은 현재 남아 있는 그의 불사(佛事) 행적이 우리들에게 많은 감동을 주기 때문이다. 한 시대를 이끌어 간 향토의 경제적 지도자가 지닌 종교적 신념이 다음 세대의 눈에 어떻게 비칠 것인지 궁금한 사실이 아닐 수 없다.

동명 강석진이 이루어 놓은 업적 중에서도 특히 종교적 측면에서 강석진의 내면세계를 고찰하는 것은 격동의 한 시대를 살다 간 그의 진정한 면모를 볼 수 있는 가장 가까운 지름길이 될 것이다. 특히 강석진이 불제자로서 당시의 불교종단에 미친 영향은 지금도 뚜렷이 우리의 주변을 에워싸고 있다. 자본주의 사회에서 가진 자의 소유권은 일반적인 개인의 권리일 뿐이다. 강석진의 불사를 보면 현시대의 재벌들이 가져야 할 도덕적 · 정신적 의무로서의 사회적 의미를 새삼 생각하게 한다.

1. 불교의 효사상

불교를 출세간적(出世間的)인 종교로 이해하려는 경향이 있어 불교는 효와 다소 거리가 있는 것처럼 생각하는 경우가 있다. 유교의 배불론(排佛論)은 이러한 불교관을 바탕으로 나온 것이다. 그러나 불교경전 중에는 부모에 대한 효를 매우 중요하게 다루는 부분이 있다. 특히 효도의 경으로 알려진 것은 『부모은중경(父母恩重經)』 · 『목련

경(目連經)』·『우란분경(盂蘭盆經)』이다. 『부모은중경』은 부모님의
은혜가 심중(深重)함과 부모님의 은혜 갚는 방법을 가르치고『목련경』
과 『우란분경』은 돌아가신 부모님을 천도하는 방법을 담고 있다. 『부
모은중경』·『목련경』·『우란분경』은 다 같이 범어(梵語) 원본이 없다.
또 그 자체 내용으로 보아도 인도(印度)에서 이루어진 원본 그대로가
아니라는 생각을 갖게 한다. 아마도 인도에서 이루어진 경전이 중국
에 들어와서 가필(加筆)된 것이 아닌가 여겨진다.

『부모은중경』은 우리나라에서 널리 유포되었다. 조선조 때부터 한
글 언해본만 해도 여러 가지가 되며 특히 정조는 부모의 은혜를 기리
기 위해서 한문과 순 한글을 같이 넣고 김홍도(金弘道)의 그림까지 곁
들인『부모은중경』을 간행하기도 했다. 이 경판은 용주사에 보관되어
있고 시중에는 이 판본의 현대어 번역이 나와 있기도 하다.『우란분
경』은 축법호(竺法護)의 번역으로 되어 있는『불설우란분경(佛說盂
蘭盆經)』만이 남아 있다.『목련경』은『우란분경』의 내용을 각색해서
만들어진 것으로 짐작된다.

『부모은중경』·『우란분경』·『목련경』 등의 경전은 부모에 대한
효를 어떻게 행해야 하는가를 설명한 것이 아니라 자비로운 어머니
의 자식에 대한 자애(慈愛)를 설명하는 데 중점을 둔다. 이 자애에 대
하여 마땅히 따르는 것이 보은(報恩)이다. 이 보은은 효로 나타난다.
부모로부터의 은혜를 일방적으로 강조하는 것이 아니라 부모의 자애
가 그대로 자식에게 통하는 곳에 효로서 봉양하는 행위와 자연스럽
게 나타난다는 것이다. 불교에서 가르치는 효는 자연적 발로이며 상
하의 신분적 관계나 지배·복종의 관계에서 나오는 것이 아니다. 효
는 연기(緣起)의 법칙, 즉 상의상관(相依相關)3)의 관계에 따라 자연스

럽게 나타난다.4)

(1) 『부모은중경(父母恩重經)』과 효사상

『부모은중경』은 『불설대보부모은중경(佛說大報父母恩重經)』의 약칭으로 부모의 은혜가 한량없이 크고 깊음을 설하여 그 은혜에 보답하도록 가르치는 경이다. 부모의 은혜를 갚기 위해서는 우란분 공양을 행하고 경을 베끼거나 독송할 것을 권장하고 있다. 흔히 불교는 부모의 은혜를 모르는 종교라고 생각하기 쉬우나 불교가 오히려 부모의 은혜를 더욱 강조하는 종교임을 알 수 있게 하는 경전으로 유명하다.

구체적인 예를 들면 어머니가 아이를 낳을 때 3말 8되의 응혈을 흘리고 8섬 4말의 혈유를 먹인다고 했다. 따라서 부모의 은덕을 생각하면 왼편 어깨에 아버지를 업고 오른편 어깨에 어머니를 업고 살갗이 닳아서 뼈에 이르고 뼈가 닳아서 골수에 이르도록 수미산을 백 번 천 번 돌더라도 그 은혜를 다 갚을 수 없다는 것이다.

이처럼 『부모은중경』은 부모의 은혜를 기리는 경이라 하여 유교의 『효경(孝經)』과 비슷하다고 하지만 몇 가지 차이점이 있다. 먼저 『부모은중경』은 어머니가 자식을 잉태하여 10개월이 될 때까지 1개월마다 생태학적인 고찰을 근거로 부모의 은혜를 열 가지로 크게 나누고 있다는 점이다. 그 다음은 『효경』이 아버지를 두드러지게 내세워 효도를 강조하는 반면 『부모은중경』은 어머니의 은혜를 더 강조하고 있다는 점이다.

---

3) 일체의 존재가 서로 의지하고 서로 관련을 맺고 있음을 뜻한다. '너'가 없이는 '내'가 없고 '내'가 없이는 '너'가 없다는 말이다. 뭇 생명체들이 서로 의지하고 서로 기대고 있다는 것이다.

4) 월운 외, 『부처님이 들려주는 효 이야기』, 조계종출판사, 2000, 101~102쪽.

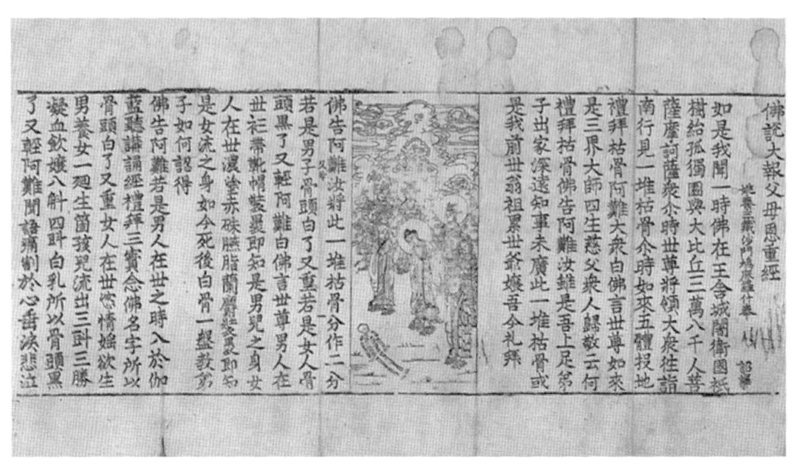

佛說大報父母恩重經

보물 1125호 『불설대보부모은중경』

부처님은 부모님의 은혜를 높은 산과 넓은 바다에 비유한다. 하지만 우리는 부모님의 은혜가 왜 이처럼 높고 넓은지는 모르고 그저 나를 낳고 기르시느라 고생만 하시기 때문이라는 막연한 고마움만을 느끼는 경우가 많은 것 같다. 그러나 『부모은중경』에서는 부모님과 내가 어떤 인연으로 만났으며 부모님이 어떻게 나를 낳고 길렀는가, 효·불효는 어떤 것인가, 부모님의 은혜가 왜 소중한 것인가 등에 대한 부처님의 가르침이 설해져 있다. 따라서 『부모은중경』을 통하여 관념적이었던 부모님의 은혜에 대해서 구체적으로 알게 될 뿐만 아니라 부모님에 대한 참다운 보은이 무엇인가를 깨닫게 해 준다.

그렇다면 부처님께서는 부모의 사랑을 어떻게 설하시고 계신지 살펴보자. 『부모은중경』은 부처님이 아난존자와 함께 길을 가시다가 마른 뼈 무더기에 절하는 장면부터 시작된다. 이를 보고 놀란 아난존자가 "부처님께서는 인천(人天)의 스승이시고 사생(四生)의 자애로운 아버지이신데 어찌하여 누군지도 모르는 마른 뼈 무더기에다 절을 하십니까?"라고 여쭈었더니 부처님께서는 "아난아, 이 한 무더기의 뼈가 혹시 나의 전생에 조상이나 부모님의 뼈일 수도 있기 때문에 내가 절을 하는 것이니라."고 말씀하셨다.

다시 말해서 다겁생래(多劫生來)로 윤회를 하는 입장에서 보면 사실 부모자식이나 형제자매의 인연이 아닌 사람이 없다는 의미이다. 우리는 현재의 인연만을 중시하지만 윤회 세계에선 모두가 부모자식이라고 본다는 의미이다. 또한 경전에서는 어머니가 자식을 잉태한 후 1개월마다의 생태학적인 고찰로 자세히 설명되어 있는데 과학적인 접근의 설명은 참으로 놀랍다고 평가되고 있다. 이와 같이 『부모은중경』은 사람이 태어나 이 세상에서 살아갈 수 있는 것은 모두가 부모를 가졌기 때문이라고 강조하고 부모님의 은덕을 깨닫게 하는 경전이다.

『부모은중경』에서 구체적으로 열거하는 열 가지 은혜는 아래와 같다.5)

① 회탐수호은(懷耽守護恩): 어머니 품에 품고 지켜 주는 은혜
누겁인연중(累劫因緣重) 여러 겁의 귀중한 인연으로
금래탁모태(今來托母胎) 지금에 어머니의 태 안에 들었네.
월유생오장(月逾生五臟) 달이 지나서 오장이 생겨나고
칠칠육정개(七七六精開) 일곱 달에 육정이 열리니
체중여산악(體重如山岳) 어머니 몸은 태산처럼 무거워지고
동지겁풍재(動止劫風災) 움직이거나 서거나 바람 재앙에 조심하네.
나의도불괘(羅衣都不掛) 비단옷은 걸치지 않고

---

5) 10가지 게로 찬송한다고 하여 경전 속에서 십게찬송(十偈讚頌)이라고 하며 이 십게찬송의 10가지 은혜를 다생부모십종대은(多生父母十種大恩)이라고 한다.

장경야진애(裝鏡惹塵埃) 치장하던 거울에는 먼지만 쌓였네.

② 임산수고은(臨産受苦恩): 해산날에 즈음해서 고통을 감수하는 은혜

회경십개월(懷經十個月) 아기를 품고 열 달이 지나서
난산장욕림(難産將欲臨) 어려운 해산이 차츰 다가오니
조조여중병(朝朝如重病) 아침마다 중병 걸린 듯하고
일일사혼침(日日似昏沈) 나날이 정신이 흐려지고
난장황포술(難將惶怖述) 점차 두렵고 겁나서 말하기도 힘들어
수누만흉금(愁淚滿胸襟) 근심의 눈물이 가슴에 가득하네.
함비고친족(含悲告親族) 친족에게 슬픔을 호소하고
유구사래침(惟懼死來侵) 죽지나 않을까 걱정하네.

③ 생자망우은(生子忘憂恩): 자식을 낳고 고통을 잊어버리는 은혜

자모생아일(慈母生兒日) 인자한 어머니가 아기를 낳던 날
오장총개장(五臟總開張) 오장이 모두 펼쳐서 열려졌네.
신심구민절(身心俱悶絶) 몸과 마음이 모두 혼미해졌고
혈류사도양(血流似屠羊) 흘러내린 피가 양을 잡은 듯하네.
생기문아건(生己聞兒建) 아기가 건강하단 말 들으니
몸에 생기가 나고
환희배가상(歡喜倍可常) 기쁨이 배가되네.
희정비환지(喜定悲還至) 기쁨이 가라앉자 슬픔이 다시 일어나고
통고철심장(痛苦徹心腸) 고통이 심장에 사무치네.

④ 인고토감은(咽苦吐甘恩): 쓴 것은 삼키고 단 것은 뱉어 먹이는 은혜

부모은심중(父母恩深重) 부모의 은혜는 깊고 중대하며
은련무실시(恩憐無失時) 은혜로운 사랑이 잠시도 변치 않네.
토감무소식(吐甘無所食) 단 것은 토해내니 먹는 것이 아니고
인고불빈미(咽苦不嚬眉) 쓴 것은 삼키며 눈썹을 찡그리지 않네.

애중정난인(愛重情難忍) 애정이 무거우니 정을 참지 못하고
은심부배비(恩深復倍悲) 은혜가 깊으니 슬픔이 점점 더하네.
단령해자포(但令孩子飽) 오직 아기만 배부르게 하고
자모불사기(慈母不詞飢) 인자하신 어머니는 굶주렸다 말하지 않네.

⑤ 회건취습은(廻乾就濕恩): 진자리 마른자리 가려 뉘
시는 은혜

모원신구습(母願身俱濕) 어머니 자신은 다 젖어도
장아이취건(將兒移就乾) 아기는 옮겨 마른자리에 눕히네.
양유충기갈(兩乳充飢渴) 두 젖으로 굶주림과 배고픔을 채
워 주며
나수엄풍한(羅袖掩風寒) 비단옷 소매로 찬바람을 가려 주네.
은련긍폐침(恩連恆廢枕) 사랑이 이어져 항상 잠을 잊어도
총농진능환(寵弄振能歡) 사랑스런 재롱으로 기쁨을 얻네.
단령해자온(但令孩子穩) 오직 아기의 평온함을 생각하고
자모불구안(慈母不求安) 인자한 어머니는 편안함을 바라지 않네.

⑥ 유포양육은(乳哺養育恩): 젖을 먹여 기른 은혜
자모상어지(慈母像於地) 인자한 어머니가 땅을 닮았다면
엄부배어천(嚴父配於天) 엄한 아버지는 하늘에 견줄 수 있네.

복재은장등(覆載恩將等) 덮고 안아주는 은혜가 무릇 같고
부양의역연(父孃意亦然) 아버지와 어머니의 마음 역시
그러하네.
불증무노목(不憎無怒目) 성난 눈빛에도 미워하지 않으며
부혐수족격(不嫌手足擊) 손발을 부딪쳐 때려도 싫어하지 않네.
탄복친생자(誕腹親生子) 배로 낳은 친자식이기에
종일석겸련(終日惜兼憐) 하루 종일 사랑하고 아끼시네.

⑦ 세탁부정은(洗濯不淨恩): 손발이 닳도록 깨끗하게 씻어 주시는 은혜
억석미용질(憶昔美容質) 생각해 보니 아름답던 얼굴과 용모
자미심풍농(姿媚甚豊濃) 고운 자태는 매우 빼어나셨네.

미분취유색(眉分翠柳色) 두 눈썹은 푸른 버들 빛이고
양검탈련홍(兩臉奪蓮紅) 두 뺨은 붉은 연꽃을 옮겨 놓았네.
은심최옥모(恩深摧玉貌) 은혜가 깊을수록 옥 같던 용모는 사
라지네.
세탁손반농(洗濯損盤濃) 씻고 닦으며 예쁜 소반이 낡아지듯
지위련남여(只爲憐男女) 오로지 아들딸을 걱정하며
자모개안용(慈母改顏容) 인자한 어머니의 얼굴이 바뀌었네.

⑧ 원행억념은(遠行憶念恩): 먼 길을 떠나갔을 때 걱정하시는
은혜
사별성난인(死別誠難忍) 죽어서의 이별이 참으로 참기 어렵지만
생리역비상(生離亦悲傷) 살아서의 이별 또한 가슴 아프고 슬프네.
자출관외출(子出關外出) 자식이 집 떠나 멀리 가면
모의재타향(母意在他鄕) 어머니의 마음도 타향에 있네.
일야심상축(日夜心相逐) 낮이나 밤이나 마음은 자식을 쫓고
류누수천행(流淚數千行) 흐르는 눈물은 수천 갈래를 가네.
여원읍애자(如猿泣愛子) 사랑하는 새끼 때문에 우는 어미원숭
이처럼
억념단간장(憶念斷肝腸) 생각이 사무쳐서 간과 창자가 끊어지네.

⑨ 위조악업은(爲造惡業恩): 자식을 위해서라면 궂은일도 마
다하지 않는 은혜
부모강산중(父母江山重) 부모는 강산같이 귀중한데
심은보실난(深恩報實難) 깊은 은혜에 보답하기 실로 어려워라.
자고원대수(子苦願代受) 자식의 괴로움을 대신 받기 원하며
아노모불안(兒勞母不安) 자식이 고생하면 어머니 마음도 편치
않네.
문도원행거(聞道遠行去) 먼 길 떠난다는 말 들으면
행유야와한(行遊夜臥寒) 길 가다 밤에 추운 잠자리에 머물까
남여잠신고(男女暫辛苦) 아들딸이 잠시 고생해도
장사모심산(長使母心酸) 오래도록 어머니는 마음 아파하시네.

⑩ 구경연민은(究竟憐愍恩): 끝까지 불쌍히 여기고
사랑해 주시는 은혜

부모은심중(父母恩深重) 부모의 은혜는 깊고 무거워서
은련무헐시(恩憐無歇時) 은혜로운 사랑이 그치질 않네.
기좌심상축(起座心相逐) 앉으나 서나 마음은 자식을 쫓고
원근의상수(遠近意相隨) 멀거나 가깝거나 생각은 자식
을 따르네.
모년일백세(母年一百歲) 어머니 연세가 백 살이어도
상우팔십아(常憂八十兒) 항상 여든 살 자식을 걱정하네.
욕지은애단(欲知恩愛斷) 은혜로운 사랑이 끊어지게 하려면
명진시분리(命盡始分離) 목숨이 다하면 비로소 그칠까.

(2) 『목련경(目連經)』·『우란분경(盂蘭盆經)』과 효사상

매년 음력 7월 15일이면 전국의 사찰은 특별한 법회를 봉행하느라
분주하다. 이날이 불교의 5대 명절6) 가운데 하나인 우란분절이기 때
문이다. 우란분절(盂蘭分節)은 우란분재를 지내는 날로 우란분재(盂
蘭盆齋)란 거꾸로 매달려 고통을 받고 있는 악도의 중생을 위해 재를
베풀어 구한다는 의미가 있다. 또한 중생의 전도(顚倒)된 가치관 즉
세속의 가치를 좇아 참된 가치를 버리고 있었던 일이나 자신의 이익
을 위해 타인의 행복을 짓밟았던 일, 부모님에게 불효한 일이나 부처
님 말씀을 믿지 아니하고 어리석게 행동했던 일 등 자신의 거꾸로 된
잘못된 모습을 바로 세우는 데 참뜻이 있는 것이다.

우란분재의 역사적 기원은 목련존자(目連尊者)에 의해 시작된 것
으로 전해진다. '목련존자의 구모생천(求母生天)'이라 하여 널리 회자

---

6) 부처님 오신 날(음력 4월 8일), 출가절(음력 2월 8일), 성도절(음력 12월 8일), 열반절(음
력 2월 15일), 우란분절 또는 백중(음력 7월 15일)을 말한다.

되어 왔으며 『목련경』과 『우란분경』에 자세히 설해져 있다. 음력 7월 15일 백중날에 우란분재를 행하면 현재의 부모는 수명이 백 년이고 병이 없으며 모든 고뇌와 근심이 없게 하고 과거 7대의 부모는 아귀의 고통을 떠나서 천상이나 인간 세상에 태어나 복과 낙이 다함이 없게 된다고 한다.

『목련경』은 신심이 없는 어머니가 지옥에 떨어졌는데 아들인 목련존자가 자기 어머니를 구하는 이야기로 꾸며져 있다. 목련존자의 속가 이름은 나복(羅卜)이며 목련존자의 부모는 지역의 대부호인데 갑자기 아버지가 돌아가셨다. 장례를 치른 아들은 어머니 청제부인에게 자주 스님을 모셔다 공양대접을 하라고 부탁하고 돈을 벌려고 타국으로 갔다.

그러나 부인은 아들이 없는 사이에 무당과 기생을 불러들여 노래와 춤으로 나날을 즐기며 소와 염소를 죽이고 개와 닭을 잡으니 그 슬픈 소리는 온 동네를 뒤흔들고 때로 수행하는 행자가 집에 오면 그를 박대하여 문전에서 내쫓고 갖은 방탕과 악독한 사행으로 세월을 보냈다.

3년 후 아들 나복이 집에 돌아오게 되었는데 부인은 아들을 속여 "나는 스님들에게 많은 공양을 올렸다. 만약에 내가 거짓말을 한다면 7일 이내에 문둥병에 걸려서 죽을 것이다."라고 거짓말로 맹세를 했다. 그 말대로 나복의 어머니는 7일이 못 가서 병에 걸려 죽었고 지옥에 떨어졌다.

그날 밤 꿈에 어머니가 나타나 나복이를 불렀다. "내가 세상에 있을 때 많은 죄를 지었고 또 너를 속인 까닭으로 지금 내 몸이 무간지옥에 들어와서 무수한 고통을 당하고 있으며 영겁에도 이 지옥을 벗어날 길이 막혔으니 이 아니 답답하냐.” 외치면서 대성통곡하는 것이었다. 이러한 광경을 본 나복은 터지려는 가슴을 움켜잡고 어찌할 바를 몰랐다.

그리하여 여러 가지로 궁리하던 끝에 어머니를 지옥에서 구제하려는 효도의 일념으로 부처님께로 달려갔다. 그리고 그 방법을 물었다. 부처님은 “지옥에 빠진 너의 어머니를 구제하려면 네가 정성껏 불도를 닦음으로써 그 원을 이룰 수 있을 것이다.”라고 답하시었다. 이에 나복은 부처님께 귀의하여 출가 수도하게 되었는데 그의 법명이 목련이다.

이로부터 목련은 한길로 정진하여 부처님 제자들 중에서 신통으로 으뜸가는 일인자가 되었으니 이른바 ‘신통제일 대목련존자’이다. 이리하여 어느 정도 신통력에 자신을 갖게 된 목련은 무수한 지옥들을 찾아갔으나 자기 어머니는 보이지 않았다. 이에 실망과 초조를 거듭하던 끝에 다시 부처님께로 가서 졸랐다. 부처님은 그의 지극한 효성에 감동하여 다음과 같이 말씀하셨다.

“너의 어머니는 죄의 뿌리가 너무 깊어서 너 한 사람의 힘으로는 어찌할 수 없느니라. 네가 비록 효순하여 이름이 천지를 진동할지라도 천신·지신·사마외도·도사·사천왕신도 어찌하지 못할 것이요 반드시 시방의 여러 스님들의 위신력을 얻어야 해탈할 수 있으리라. 내가 이제 너에게 구제하는 법을 말해 주어 온갖 어려운 이들이 모두 근심과 괴로움을 여의고 죄업이 소멸하게 하리라. 시방의 여러 스님들이 7월 15일에 자자(自恣)7)를 할 때에 7대의 부모나 현재의 부모가

---

7) 하안거의 마지막 날 같이 공부하던 스님들이 모여서 서로 견(見)·문(聞)·의(疑) 삼사를 가지고 그동안 지은 죄를 고백하고 참회하는 행사로 수의(隨意)라고도 한다.

액난에 처해 있을 그들을 위하여 밥과 백 가지 맛과 다섯 가지 과일과 물 긷는 그릇과 향유(香油)와 초와 평상과 와구(臥具)를 갖추고 세상에서 제일가는 맛난 음식을 그릇에 담아 시방의 대덕 스님께 공양하여야 할 것이니라. 이날에는 모든 성현이 산간에서 선정을 닦거나 네 가지 도과(道果)를 얻거나 혹은 나무 밑에 경행(徑行)하거나 육신통이 자재하여서 성문·연각을 교화하거나 십지보살이 방편으로 비구의 모습을 나타내어 대중 가운데 있으면서도 모두 한결같은 마음으로 발우와 밥을 받느니라. 청정한 계와 성현들의 도가 구족하니 그 공덕이 한량없느니라. 누구라도 이 자자하는 승가에게 공양하는 이는 현재의 부모와 7대의 부모와 육친 친족들이 삼도의 괴로움을 벗어나서 곧 해탈할 것이요, 옷과 밥이 자연히 이르리라. 만일 부모가 현존한 이는 백 년 동안 복락을 받을 것이요 만일 이미 돌아가신 7대 부모는 천상에 태어나되 자재하게 희생하여 화광천(華光天)에 들어가 무량한 쾌락을 받으리라.”

목련이 이 가르침에 따라 행동하니 그날로 목련의 어머니는 일체의 지옥에서 벗어났다고 한다. 이것을 불교에서는 우란분(盂蘭盆)이라고 하는데 우란분은 범어의 ‘울람바라(ullambana)’의 한역(漢譯)이며 『우란분경』이란 불경이 근거가 된다. 따라서 거꾸로 매달려 고통을 받는 선망부모와 외롭고 춥고 배고픈 고혼(孤魂)들의 극락왕생을 발원하며 행하는 의식이 우란분재인 것이다.

『우란분경』에서는 부모의 공덕과 삼보(三寶)의 공덕을 함께 중요시하고 있다. 오늘날 우란분절은 중생이 지은 악업의 무거움은 중생의 힘으로는 구제하기 어려움을 보여 주고 삼보에 대한 지극한 믿음으로 효도를 실천하는 것을 일깨워 주고 있다.

우란분이 행해지는 음력 7월 15일은 하안거(夏安居)를 해제하는 날이며 대중 앞에서 그동안의 수행을 점검하는 포살(布薩)을 행하는 날이다. 우란분재를 지내는 음력 7월 15일은 절에서 영가의 극락왕생을 기원하는 목탁소리가 끊이지 않고 울려 나오는 기도의 날이다. 우리가 여러 생을 윤회하면서 때로는 기쁘고 때로는 슬픈 인연을 맺었던 선망부모와 친지들의 명복을 빌고 은혜에 감사하는 마음으로 되새기는 날이 바로 우란분재이다.8)

이와 같이 『목련경』과 『우란분경』은 구성의 극적인 면과 차원 높은 교훈성으로 인해 오랫동안 대중의 사랑을 받아 왔다. 『목련경』은 삶과 죽음, 부모와 자식의 관계, 구원의 문제를 생각하게 이끄는 수준 높은 대중 경전인 것이다. 삶과 구원 그리고 죽음의 사상을 잊어버린 현대문명은 분명히 망각의 문명이다. 현대문명 속의 우리는 『목련경』의 세계를 숙고하면서 열광만을 추구하는 현대문명의 바른길을 모색해야 할 것이다. 산 자가 죽은 이의 명복을 기원하는 기도는 더없이 고귀하고 진실한 것이리라.

2. 강석진의 충효사상

『효경』이 우리나라 학교교육에서 정식으로 다루어지게 된 것은 신라의 국학에서 『논어』와 함께 『효경』이 필수과목으로 다루어졌다는 기록에서 볼 수 있다. 그리하여 국자감 학생이나 과거 응시자의 기본교양으로 선정되어 있었을 뿐만 아니라 군주로부터 지식인 · 관리는

---

8) 대한불교조계종 포교원 포교연구 지음, 『우란분재』, 조계종출판사, 2009 참조.

물론 보통 가정의 어린아이에 이르기까지 반드시 읽어야 할 경전으로 되어 있었다.9)

고려시대 이래 유가의 실천윤리에 있어 매우 중요한 위치에 있던 『효경』은 조선 후대에 와서도 전통적인 경전으로서의 위치를 지속하고 있었다. 왕세자를 교육하는 자리에서 『효경』의 강의는 지속되었으며 유학자의 필수적인 교양으로서도 필요성이 재인식되었던 것이다. 불교를 배척하고 유교를 숭상하던 조선의 기본이념을 『효경』이라는 책을 통해 잘 이끌어 가고 있었던 것이다.

『효경』의 「개종명의장(開宗明義章)」에서 효가 발생하게 된 계기와 그 내용을 보면 "신체발부는 모두 그 부모로부터 받은 것이니 감히 이것을 훼상하지 않는 것이야말로 효의 시작이며 몸을 세워 도를 행하고 후세에 이름을 날려 부모를 빛내는 것이 효의 마침이다. 대저 효는 부모를 섬기는 데서 시작하여 다음으로 임금을 섬기고 입신으로 끝을 맺는다."라고 하였다.

이 뜻은 나의 존재는 부모에게서 내려 받은 것이지만 인류의 역사를 거슬러 올라가면 수많은 선조들의 그물 같은 연계 속에서 이루어진 것이기에 이 몸을 잘 보전하는 것은 부모의 은혜에 대한 보답이요, 동시에 후손으로 이어주어야 할 당연한 본질의 의무를 수행하는 것이기 때문이다. 이런 의미에서 효는 생명에 대한 경외정신이요 생명철학이라고 할 수 있다.

효는 부모와 자식과의 관계에서부터 출발하는 것이라 한다. 이 세상 수많은 은혜 가운데 가장 소중한 것은 두말할 것도 없이 부모의

---

9) 우기정, 「朝鮮時代의 孝 思想 硏究」, 영남대학교 대학원, 2007, 26쪽.

은혜다. 날 낳아 주시고 길러 주신 부모의 은혜는 한이 없다. 그러기에 부모의 은혜를 호천망극(昊天罔極)이라 한 것이 아닌가.

동명 강석진은 가난한 농가에서 태어나 맨주먹으로 부산에 내려와 갖은 고생과 노력 끝에 성공하여 수출 한국의 금자탑을 이루었고 또 사업보국 신념으로 많은 재산을 국가·사회에 환원한 입지전적 인물임에 틀림없다. 그러나 국가를 위해 봉사하고 기여한 바가 지대한 그였지만 항상 부모에 대해서만은 불효자식이란 죄의식을 떨쳐 버리지 못하였다.

그는 평상시에도 효에 대한 성인들의 말씀을 자주 하였다. 『부모은중경』과 『목련경』을 소개하면서 "자식은 입신출세하여 후세에 이름을 남겨 가문을 이어가는 것이 효의 완성이다.", "인간이 부모님께 불효하면 사후에 무서운 지옥세계에서 고통을 받아야 한다."는 내용을 자주 들려주었다. 또 "자기 부모를 사랑하지 않으면서 남을 사랑하는 것은 패례(悖禮)다."라고 했던 공자(孔子)의 구절을 인용하기도 했다. 부모의 자애는 원천적인 것이다. 그런 의미에서 부자자효(父慈子孝)는 영원한 부자유친(父子有親)의 기틀이요, 동서를 막론하고 인류의 영원한 염원인 것이다.

공자는 『논어(論語)』의 「학이(學而)」 편에서 '효와 제는 인을 실천하는 근본이다(孝弟也者 其爲仁之本與).'라고 하였다. 공자 사상의 중심은 인(仁)이며 효·제가 인간 행위의 가장 중요한 덕목이다. 공자는 어린 사람들은 집에 들어와서는 효도를 행하고 밖에 나가서는 공경해야 한다. 신중하고 미더우며 널리 사람들을 사랑하고 훌륭한 사람과 친해야 한다. 그렇게 행동하고 남은 힘이 있으면 글을 배워야 한다고 강조하였다. 효도와 공손은 어진 것을 행하는 근본이다. 인간다움을 계발하고 발전시키기 위해서 공자는 가정에서 효와 제를 가르쳤던 것이다. 만약 인간이 부모를 사랑하지 않는다면 그를 어찌 어진 사람이라 할 수 있겠는가?

인간관계에서 가장 기본이 되는 것은 부모와 형제를 먼저 사랑하고 존경한 후 그 사랑과 존경을 다른 사람의 부모와 형제에까지 확장시키도록 가르치는 것이다. 이것이 바로 인간으로 하여금 참된 자아를 실현시키도록 하기 위해서 가족 속에서 인간을 교육시키는 이유이다. 실제로 유교윤리는 개인과 가족을 똑같이 중요하고 상호의존적인 것으로 본다. 개인은 가족으로부터 분리될 수 없다. 인간성의 발전은 가정에서 출발된다. 가족이 없는 인(仁)은 뿌리 없는 것이 된다. 여기에 가족의 중요성이 있다.

1979년 3월 6일 제1회 동원공업전문대학 입학식에서 강석진의 교육적 의지는 보다 구체적으로 표현되고 있다.

일선의 지도적 중추 기능을 담당할 역군의 양성이 시급함을 알고 오늘 본 대학의 개교를 보게 되었습니다. …… 각자의 책무를 다하는 것이 곧 충효요, 고생하시는 부모님의 은혜를 알고서 학업에 열중하는 것이 효도이니 가깝고도 평범한 효도의 길을 익혀 긍지 높은 졸업생이 되기를 기대합니다.

위의 글에서 보듯 대학을 개교하게 된 목적은 산업역군이 될 직접적인 전문인 양성에 있으며 학생 본연의 책무는 충효의 평범한 진리를 체득하고 이행함에 있음을 강조하고 있다. 이처럼 충효의 전통적인 윤리관은 그의 의식 속에 깊이 내재하며 인격을 갖춘 사람을 근본으로 여겼음을 알 수 있다.

또 『효경』의 「상친장(喪親章)」에서는 부모의 사후에 슬픔을 다하고 엄숙하게 제사를 지내는 것 역시 중요한 효행 중의 하나였다. 따라서 "효자가 그 부모상을 당하면 곡하는 것을 그치지 않으며 예도를 함부로 하지 않으며 말을 번잡스럽게 하지 않으며 좋은 옷을 입으면 몸이 편안치 않으며 음악소리를 들어도 즐거워하지 않으며 맛있는 음식을 먹어도 입에 달지 않은 것이니 이것은 슬퍼하고 서러워하는 정에서 우러나오는 것이다. 관과 곽과 옷과 이불을 만들어 장사 지내며 그 제기를 벌여 슬퍼하며 가슴 치고 애통하고 곡하고 울고 슬프게 지내며 묘지를 골라 편안히 모시며 종묘를 만들어 귀신을 섬기며 봄과 가을로 제사 지내어 때때로 생각하는 것이다."라고 하였다. 이는 자식이 부모를 생각하는 데는 생전에만 그칠 것이 아니라 사후에까지도 생각하여야 한다는 것이며 효도는 공경하는 마음이 무엇보다도 중요하다는 것을 표현하고 있다.

전통적으로 유교를 본의로 하고 있는 우리나라에서 효는 인륜의 중심에 놓일 수 있으며 선택적 대상이라기보다는 본질적 의무로 인식되는 것이어서 강석진은 부모의 묘소를 공동묘지에 모셔 두고 있다는 것에 매우 자책하고 있었다. 부모님께 생전에 효를 다하지 못하였다면 죽어서 무덤 옆에 가서도 속죄하는 것이 인간의 도리라고 생각하였다.

한 해에 수백 섬의 곡식을 거둬들일 수 있었던 집안이 시운(時運) 탓으로 가세가 기울어 끼니를 제대로 잇지 못할 만큼 가난을 겪던 소년 강석진은 아버지의 손에 이끌려 향리 청도(淸道)를 떠나 손위 누이의 시댁이기도 한 경상북도 달성군 현풍면으로 허기진 배를 움켜지고 산 넘고 물 건너 들길을 걸어 찾아다니다가 잠시 들른 어느 촌가에서 얻은 식은 보리밥 한 그릇을 앞에 놓고 아버지는 어린 자식에

게 먹이려고 수저 들기를 주저하고 어린 아들은 아버지를 걱정하는
지극한 효심에서 한사코 먹기를 거부하다가 끝내는 부둥켜안고 소리
죽여 운 적이 있었다.

7살 어린 나이에 그는 어머니를 여의었고 아버지 생전에 효도 한
번 변변히 못 한 자신의 철천지한(徹天之恨)을 조금이나마 풀어 보고
싶은 효심과 부모님의 은공에 대한 갚음으로 번듯한 유택(幽宅)을 마
련하여 영혼의 세계인 명도(冥途)에서나마 어버이를 편히 쉬게 해 드
리고자 동명불원 경내 뒤꼍에다 묘소를 마련해 드렸다.

『효경』의 「천자장(天子章)」에 의하면, 효는 하늘의 불변의 기준이
요, 땅의 떳떳함이요, 백성의 행실이라고 하였듯이 부모와 자식과의
개별적인 관계를 일종의 자연법적인 기초를 가진 관계규범으로 해석
함으로써 효를 개별관념에서 보편개념으로 전환시키고 있다. 그러면
서 "무릇 효는 덕의 근본이요 교(敎)의 발생 원인이다."라고 하여 효
를 모든 덕목의 기본적인 덕이 된다고 하였다.

강석진은 수년 전부터 기계문명의 발달로 인해 사라져 가는 인간
의 존엄성과 가치를 종교의 힘인 불심으로 회복하고 순화시켜 보자
는 것이었다. 인간성 회복은 불교의 대중화에 의해서만 가능하다고
믿고 생활불교의 터전이 필요함을 절감했다. 그리하여 부산시 남구
용당동 용마산에 터를 잡고 불사를 하여 생전에 못다 한 효도를 부모
님의 왕생극락을 기원하여 갚으려 하였다. 이에 불법을 바탕으로 충
효사상과 호국정신을 키우고 선양할 도장을 건립고자 동명불원을 창
건한다는 동기를 밝히고 있다. 그가 말년에 지극정성을 들여 건립한
동명불원이 그러한 신념의 소산이다.

강석진은 나름대로 독특한 경영방식과 기업에 대한 기본적 인식을

가지고 있었다. 그의 기업경영 방식은 가부장적인 위계질서를 바탕으로 한 화합의 질서로 생산성을 향상시키는 방식을 채택하고 있다. 이러한 사실은 그가 사원들에게 행한 다음의 연설에서 잘 나타나고 있다.

> 새해에는 우리가 더욱 정신을 가다듬어야 합니다. 첫째로서 국가안보, 그 다음으로는 여러분의 마음자세 즉 생활철학이 있어야 합니다. 우리가 국가장래를 위해서 무엇을 해야만 될 것인가를 생각하고 실행해 나감으로써 국력이 되고 안보가 되는 것이지 돈 좀 벌었다고 성공했다면서 오만해지거나 해서는 안 됩니다. 국가가 잘되면 동명도 잘되는 거고 동명이 잘되면 여러분들의 가정도 안정이 되는 것입니다. 결국은 자신들이 잘되고 잘못되는 것은 여러분들의 마음에 달린 것입니다. 본인은 우리 동명에 대해서도 항상 우리 동명가족이라는 말을 하게 되고 자랑으로 여깁니다. 많은 젊은 여러분들이 내 가까이에 있다는 것이 항상 믿음직스럽고 든든합니다. 금년에는 가정에 돌아가면 부모를 존경하고 친지와 형제간에 우애를 깊이 하며 항상 자기는 희생자가 되어서 존경할 줄 알아야 합니다. 즉 인정이 있어야 한다는 말입니다.

그는 사회의 구조적인 위계질서 대신에 가족적인 인간관계인 인정으로 동료·상하 간의 문제를 해결하라고 했다. 또 가정의 중요함과 부모에 대한 효도와 친지 형제간의 우애를 강조하면서 전통적인 가족애를 설명하였다.

『효경』에서도 효는 먼저 부모를 섬기는 것에서부터 출발하는 것이라 한다. 그리고 동시에 효를 구체적으로 천자·제후·사·서민의 효로 분류하여 각자의 신분에 맞는 효를 실천할 것을 말하고 있다. 그러므로 부모와 자식과의 관계는 가족공동체 내부의 개별적인 관계로서 시작되고 있으며 효 자체도 이러한 개별적인 관계를 기조로 하는 가족공동체 내부의 규범이라고 할 수 있다. 이러한 가족공동체적 사

동명목재 회사 출입문

상을 가진 강석진의 의식 구조 형성은 한국의 전통적인 대가족 제도 아래 생활하면서 유교교육을 받았던 선친의 영향 때문이라고 보인다.

『효경』의 「성치장(聖治章)」에서는 "하늘과 땅이 낳은 것 중에서 사람이 가장 귀하고 사람의 행실에 있어서는 효보다 큰 것이 없고 효에 있어서는 아버지를 존경하는 것보다 큰 것이 없으며 아버지를 존경하는 데 있어서는 하늘에 짝짓는 것보다 큰 것이 없다."고 하였다. 이는 효의 덕이 너무도 광대하여 하늘과 짝지을 만큼 크다는 것을 의미하는 것으로 효를 정치적 교화의 원리로 확장시킬 수 있는 근거를 마련해 준다.

이러한 논리에 따라 효는 우주적 차원에서는 영원불변의 진리이며 사회적 차원에서는 정의가 되어 효의 대상은 부모에만 머물지 않고 군주에까지 확대된다. 즉 효행은 군주에 대한 충성으로 이행한다는 사상을 정립하였을 뿐만 아니라 효사상을 기본 축으로 하는 사회질서 전반에 걸친 보편적 윤리사상으로까지 발전시켰던 것이다.

강석진의 기업윤리도 이 속에서 발견할 수 있다. "사람은 항상 사랑을 베풀 줄 알아야 받을 수도 있다는 생각을 하고 우리는 금년만 잘한다는 생각을 말고 몇십 년까지라도 더 좋은 물건을 만들어 많은 소비자들에게 좋은 제품을 보내게 되면 그만큼 우리도 사랑을 받을 수 있게 된다는 것을 명심해 주십시오."라고 하며 당장의 문제에 매달리지 말고 언제나 좋은 제품을 만들어 앞으로 꾸준히 신뢰를 받아야 기업이 살아남을 수 있다는 신용제일주의를 내세우고 있다.

이러한 불교적 사회윤리의 기본 정신은 자비이타(慈悲利他)이다. 보편적·일반적 사회윤리와 함께 특정한 인간관계 즉 부모와 자식, 임금과 신하, 스승과 제자, 사문과 신자 등의 관계에 적용되는 윤리의 바탕은 한결같이 '은(恩)'의 개념이다. 따라서 불교의 사회윤리는 '은'을 바탕으로 하고 있으므로 절대적인 상하 종속적 관계가 아니라 평등한 상호화합의 관계인 것이다. 말하자면 '은'의 윤리는 불교윤리이자 사회윤리의 이념적 대상인 것이다.

강석진의 사회사상은 불우 청소년에 대한 관심과 교육에 대한 열정 그리고 안보통일 이념과 국가발전에 대한 희원으로 집약될 수 있다. 그의 이러한 사상적 희망사항에 행동적 동기가 부여되고 사상의 구체적 운용지침이 있을 때에 강한 성취동기가 나타나게 된다. 그에게 있어서 자신의 사회적 희망사항을 성취하기 위한 행동적 동기는 불교에의 귀의로 인하여 나타났던 것이다.

강석진이 본격적으로 불교의 종교적 교리에 전도되어 출가 수도하려고 한 흔적은 없다. 그의 가정도 당시의 다른 집안과 같이 유교적 가풍에 젖어 있었으며 특별한 종교적 신앙이 있었던 것은 아니었다. 단지 집안의 안식구들이 가정의 화평과 안녕을 기원하기 위하여 다른 사람들과 마찬가지로 기복적 의미의 사찰 출입을 하였을 뿐이었다. 어린 그도 할머니나 어머니의 손에 이끌려 무심코 구경 삼아 절에 다녔던 어린 시절의 기억이 있었을 뿐이다. 그러나 그가 부산에 와서 모진 세파에 시달리며 어려운 나날을 보내던 20살 남짓한 시절에 인생의 오묘한 섭리를 자각하면서 불교의 가르침에 관심을 가졌다고 한다.

그러나 강석진의 불교에 대한 관심은 특별히 신앙적 차원에서 절실하게 발전한 것이라고 볼 수 없다. 그는 천부적인 이타정신과 소싯적 부친으로부터 훈도받았던 사람으로의 도리를 지키려는 마음이 불교의 자비와 보시정신에 감응하였던 것이다. 그러므로 그의 불교정신의 특징은 유교적 윤리의식과 상당한 접목이 취해진 것이다.

강석진의 사고방식은 전통적인 한국의 효사상에도 미치고 있다. 동명불원의 경내에 효자·효부를 기리기 위해 건립한 덕망탑(德望塔)과 부덕탑(婦德塔)은 남자의 덕망과 여자의 부덕을 상징하고 있다. 즉 모든 선남선녀가 불법에 귀의하여 덕망과 부덕을 닦아야 한다는 뜻은 전통의 가치관에 입각하여 불교를 일상적인 생활에 도입한 문자 그대로 생활불교의 철학을 설명하고 있는 것이다.

『사리불문경(舍利弗問經)』에 의하면 "재가의 사람은 부모가 낳아서 길러 준 은혜를 깊이 알아야 하며 그것은 불종(佛種)을 끊지 않기 때문이다. 그리고 출가자는 스승의 은혜가 큰 것을 알아야 한다."라고 하여 '은'의 중요성을 강조하고 있다. 특히 재가불자의 경우에 부모님의 은혜를 갚는다는 것은 보살행의 으뜸가는 실천덕목이었다.

『불설사배경(佛說四輩經)』에도 "만일 마음을 도에 두었으되 집을 떠나지 못하는 남자라면 애욕 가운데 있더라도 다섯 가지 계율[五戒]과 달마다 지키는 여섯 가지 재계[六齋戒]를 지니되 부모에게 효도하고 순종하여 집을 다스리고 자식들을 기르며 아침저녁으로 향을 피우고 등을 밝혀 삼보에 예배하여 시방에 참회해야 한다."고 하셨다. 또 『유마경(維摩經)』에서는 "부처님의 은혜 즉 불은(佛恩)을 갚기 위하여 크게 중생을 요익(饒益)하게 하라."고 말씀하셨다. 이러한 논리를 구체적으로 분석하면 재가불자에게 있어 부모님에게 효도하고 그 은혜에 보답하는 것이야말로 반드시 지켜야 할 윤리인 것이다.

　강석진은 특히 유교의 효에 대한 개념을 언제나 강조하였다. 그의 효에 대한 사상은 불교의 『부모은중경』에 나오는 가르침과 비교할 수 있는 것이다. 그가 말년에 지극정성을 들여 건립한 동명불원이 그러한 신념의 소산이다. 그는 자신의 마지막 유택을 불법의 정기가 넘치는 가람에 의지하여 생전에 못다 한 효도를 부모님의 왕생극락을 기원하여 갚으려 하였다. 그가 사재를 털어 말년의 희원을 다하여 원찰을 세워 부모님의 은혜를 부처님의 법계에서 갚으려 한 공덕은 언제까지라도 기억되어야 할 것이다.

　강석진의 불교관은 틀에 얽매이지 않는 자유분방한 자세로 승속불이(僧俗不二)의 삶을 견지했던 원효 스님처럼 승속의 구별 없이 누구나 자신의 처지에 따라 스스로 마음을 깨닫는 것이었다. 그의 불교정신은 생활 속에서 누구나 실천할 수 있는 것이며 특히 유교의 효사상을 불교의 정신에 접목하여 언제나 그리고 누구나 실천하여야 하는 것이 그의 종교관이었다. 강석진이 일생을 두고 이룩한 수많은 불사와 철저한 효의 정신은 전법과 부모제도를 성사하기 위한 것이다. 뭇 사람들에게 신심을 기르게 하기 위한 동명불원의 건립은 그의 보살행을 대표하는 업적이었다.

3. 동명불원의 건립과 특징

(1) 충효사상으로 지어진 동명불원

불국사

석굴암

'안개와 구름을 삼키고 토한다.'는 토함산 서쪽 기슭에 사적 및 명승 1호로 지정된 불국사(佛國寺)가 자리하고 있다. 이름처럼 부처님의 나라를 세우고 싶어 했던 신라인의 불국토(佛國土)에 대한 꿈과 염원이 담겨 있는 거찰인 것이다. 따라서 전각 하나마다 돌 조각 하나마다 그 의미가 담겨 있을 수밖에 없다.

석굴암(石窟庵)이 토함산 동쪽 정상 못 미친 곳에 있는 반면 불국사는 토함산 서쪽 중턱에 자리 잡고 있다. 751년 김대성(金大成)의 후원 아래 시작되어 25년의 긴 세월에 걸쳐 완성된 것으로 알려진 이 건축물은 통일 신라시대의 종교와 건축을 융합한 우리나라 불교 건축물의 대표주자라 할 수 있다.

『삼국유사』에 의하면 김대성은 전세의 부모를 위해 석굴암을 세웠고 현세의 부모를 위해 불국사를 세웠다고 한다. 그는 국가의 권력을 업은 중시(中侍)[10]로서 그의 부친 또한 중시를 지냈으며 당시에 막강

---

10) 신라 때 집사부에 속하여 나라의 기밀 사무를 맡아보던 으뜸 벼슬로 진덕여왕 5년(651)에 설치하여 경덕왕 6년(747)에 시중(侍中)으로 고쳤다.

한 부와 권력을 가진 인물로 추정되고 있다.

석굴암과 불국사의 건립은 국가적 차원에서 이루어졌지만 김대성의 지휘 아래 당시 고승들의 종교적 지도를 받아 세웠을 것으로 추정된다. 그래서 동시에 건립된 이 기념비적인 두 건축물은 종교적으로나 조형적으로 유기적인 관계를 보인다. 즉 두 건축물은 화엄사상을 바탕으로 한 불국세계를 표현하고자 한 것으로 해석되고 있다. 이에 이 땅에 국운강창을 기원하는 호국정신을 바탕으로 불국토를 건설하여 수백 년이 지난 오늘에 이르기까지 세계 각국의 불자들에게 보리심(菩提心)을 나타내게 하였다.

강석진 또한 불교에 심취되어 독실한 신자생활을 하는 동안 기계문명이나 거대한 사회조직, 산업조직, 고도로 정보화된 사회 속에서 상실되어 가는 인간성을 회복하는 것이 경제발전에 못지않게 중요한 일이라고 생각했다. 기계문명의 발달로 인해 사라져 가는 인간의 존엄성과 가치를 종교의 힘인 불심으로 회복하고 순화시켜 보자는 것이었다. 이에 불법을 바탕으로 충효사상과 호국정신을 키우고 선양할 도장을 건립고자 하였다.

그리하여 부산시 남구 용당동 용마산에 터를 잡고 대작불사를 하여 국가번영과 선망 부모님의 왕생극락을 빌고 동명의 산업현장에서 일하는 1만여 동명가족들의 행운과 국가를 사랑하고 충효하는 것이 보리심이라 생각하여 동명불원을 창건한다는 동기를 밝히고 불교중흥의 역사적 장을 마련하였다.

동명불원

　　동명 강석진은 심혈과 온 정성으로 대가람(大伽藍)을 완성하기 위해 평소 연구하고 모아 둔 자료와 개척의 정신으로 대웅전 설계부터 시작했다. 대지 2,987평에 총건평 503평, 43점의 불상, 특수 건축양식의 법당을 비롯하여 나무같이 보이도록 만든 콘크리트(concrete) 기법 등은 모두 그 자신이 직접 고안·설계한 것이었다.

　　동명불원 전체의 구성과 설계는 물론 불상, 문짝, 문고리 하나의 디자인까지도 손수 제작했으며 공사감독과 동명불원을 짓는 동안 매일 현장에서 집념과 정성을 다 바쳤다. 특히 절을 짓기 위해 전국 200여 유명 사찰을 돌아보고 전문가와 수많은 상담을 하기도 하였다. 절의 지붕 모양을 연구하기 위해서 비행기를 타고 공중에서 몇 개월 동안 관찰하기도 하였다.

　　동명불원의 주 건물인 대웅전은 우리나라 전통적인 양식에다 창건주의 새로운 건축법이 가미되어 보기에는 단순한 2층이지만 내부에 들어가 보면 단층으로 수천 년이 흘러도 견딜 수 있도록 콘크리트 특수공법에 의하여 세워진 동양 최초의 대형건물이라는 특징을 지니고 있다.

동명불원 처마   대웅전 목조개금불상

    대웅전 내부에는 석가세존을 중심으로 좌편에 미륵보살, 우편에 제
화갈라보살(提和竭羅菩薩) 등 3존 좌상을 모셨고 좌불의 크기는 우리
나라에서 제일 크다. 제화갈라보살은 석가여래 여러 전생 가운데 제2
아승지겁(阿僧祇劫)에 다섯 송이 연꽃으로 부처님께 공양하고 자신의
머리카락을 진흙에 깔아 연등 부처님이 밟도록 하였다. 이러한 인연
공덕으로 부처님으로부터 미래에 성불할 수기(授記)를 받고 미래불의
칭호를 얻었으니 연등불(燃燈佛) · 정광불(錠光佛)로 불리기도 한다.

    법당의 크기와 높이는 150.9평, 16m이다. 법당의 가운데는 기둥이
없는 특수공법을 썼다. 우아한 대웅전의 추녀는 물론 서까래를 비롯
한 상하 중방기둥은 1mm도 틀리지 않는 걸작이다. 내부 천장 중앙에
는 네 마리의 용머리를 조화시켰고 양쪽 벽에는 비천상을 새겼다. 건
물은 모두 콘크리트이며 심지어 서까래도 모두 콘크리트로 제작하였
다. 기둥 위로부터는 전부 조립식이며 지붕은 울산에서 특별 주문해
만든 청기와로 만들었다.

    건축양식은 현대 감각을 가미한 재래의 전통적 사찰양식으로 설계
되었다. 입상 · 좌상 불상 등 42점이나 되는 것을 말레이시아와 인도

네시아산인 나왕류의 마디카(jelutong)로 조각했다. 나무는 바다에서 40여 일 이상 담근 것을 말려서 사용하였다.

　부속건물인 독성각(獨聖閣), 칠성각(七星閣), 산신각(山神閣) 등은 합각지붕으로 지붕의 꼭짓점을 황금색의 연꽃 봉오리로 장식한 것은 독특한 아이디어였다. 또 독성각, 칠성각, 산신각은 2층으로 설계하고 2층에는 불교서적을 진열했다. 이 세 각의 특징은 모두 입체 조각상을 세우고 모두 후불탱화(後佛幀畵)가 되게 했다. 대웅전의 후불탱화는 우리나라 사찰 대부분이 후불탱화를 따로 제작하여 불상 뒤에 걸어 모시지만 이곳은 각 법당마다 벽에다 바로 그려 모신 것으로 매우 특색이 있는 것이다. 전남 강진 무위사(국보 제13호) 벽화 이래 처음이다.

　특히 사천왕의 설계에 신경을 써서 보통 좌상인 것을 입상화하였다. 그리고 일반적으로 사찰의 사천왕은 대부분 석골과 흙으로 제조하나 특이하게 나무로 만들었다. 사천왕의 입상은 황금에 눈이 어두워 부조리를 일삼고 있는 사회인들이나 기업인들에게 경종을 울려 주기 위해 돈주머니를 든 악인을 왼발로 누르고 있는 모양을 하고 있는데, 이가 상징하는 바는 의미 깊은 것이라 할 수 있다.

동명불원 사천왕

대웅전 앞 덕망탑과 부덕탑

동명불원의 또 하나의 특징은 대웅전 앞에 세워진 두 개의 탑이다. 우리나라의 일반적인 사원의 탑은 사리나 불경을 모셔 놓은 탑이지만 동명불원의 것은 이와 달리 현세의 인간을 위한 공양탑인 것이 특징이다. 이 두 개의 탑이 바로 덕망탑과 부덕탑이다. 덕망탑(德望塔)은 세상의 남편들을 위한 것으로 남자들은 항상 남에게 덕망이 있어야 하며 그 덕망을 가지라는 의미에서 이 탑을 세웠고 부덕탑(婦德塔)은 부녀자들이 가져야 할 부인의 도리를 강조하기 위한 부녀자를 위한 탑이다.

동명 강석진의 사고방식은 전통적인 한국의 효사상에도 미치고 있다. 효자·효부를 뜻하기 위해 만들어진 덕망탑과 부덕탑은 남자의 덕망과 여자의 덕성을 상징하며 모든 선남선녀는 불법에 귀의하여 덕망과 부덕을 잘 닦아야 한다는 뜻을 담고 있다. 다른 사찰에서는 볼 수 없는 독특한 탑이라고 할 수 있다.

이 두 탑의 기본 모델이 된 것은 불국사의 석가탑이다. 옥신과 옥개석의 형태가 석가탑과 같은 양식이기 때문이다. 그러나 그 양식을 그대로 답습하지 않고 7층으로 된 석탑의 각 층이 수직을 이루고 있어 종래 양식인 윗부분 층이 좁은 피라미드(pyramid)형이 아닌 특이한 탑 모습 즉 두 층씩 옥신의 크기를 같게 하는 방법을 사용하였다.

이와 함께 있는 석등은 일반 석등과 달리 옥개석이 팔각이고 그 아래에는 팔각의 석등신에 여덟 개의 등창(燈窓)이 나 있다. 석등의 팔각 옥개석 위에는 연꽃 봉오리 조각

불국사의 석가탑

동명불원 덕망탑

대관문

으로 장식되어 있다. 이 석등은 사원에 팔각이 적용된 최초의 조형물이다.

산신각의 산신은 동명불원이 자리 잡은 비룡산의 산령(山靈)을 정중히 모셨다. 예로부터 우리나라는 산을 외경하여 왔고 호랑이를 그 사자(使者)로 여겨 왔으며 산중에 세워지는 사찰에는 반드시 산신각을 지어 그 산령을 위해 오는 것이 관례였다. 산신각의 산신상과 호랑이상[虎像]은 다른 사찰에서는 그림으로 되어 있는데 여기는 채색목각으로 되어 있으며 유래가 없을 만큼 잘 모셔져 있다.

동명불원으로 들어가는 입구에는 대관문(大觀門)이 있다. 통상 일주문(一柱門)이라 부르는 것이며 이는 유일무상의 진리로 찾아든다는 뜻과 세상을 이기적으로 좁게 보지 말고 전체를 위해 크고 넓게 보라는 뜻이 담겨 있다. 즉 신성한 사찰에 들어서기 전에 흐트러진 마음을 하나로 모아 진리의 세계로 향하라는 상징적인 의미도 담겨 있는 것이다.

사천왕문의 특이한 문고리는 좌우로 조작하도록 되어 있는데 1톤 정도의 큰 목조문이 손쉽게 열리고 잠기는 자물쇠로 이것을 만드는 데 열흘 이상이 걸렸고 크레인 등 중장비를 생산하는 방계회사 기술팀도 만들어 내지 못해, 결국 강석진이 손수 공장에서 제작해 낸 특수자물쇠이다.

우리나라는 전통적으로 성문이나 궁궐의 문, 큰 건물의 대문 등의 큰 목조문을 걸어 잠그기 위해서는 빗장이 사용되었고 그 문을 열거나 닫기 위해서는 별도로 문고리를 만들었다. 그러므로 빗장과 문고리는 언제나 함께 필요했다. 큰 문일수록 빗장도 커야 하기 때문에 그 빗장을 걸고 벗기고 할 때 혼자 힘으로는 상당히 힘들었다. 그는 이 문제점을 파악하고 빗장을 대신할 다른 방안을 강구하기로 했다.

그러나 다른 방법이라는 것이 그렇게 쉽지 않았다. 1톤 정도의 문 무게도 무게이지만 손잡이의 기능과 자물쇠의 기능을 함께 하는 구조물을 만든다는 것이 그렇게 간단하지가 않았다. 문을 좌우로 잠그는 빗장을 사용하지 않고 문을 잠글 수 있는 방법은 문의 상하를 고정시키는 방법뿐이었다. 그런데 문의 상하를 잠그는 방법은 문을 좌우로 잠그는 방법보다 더 큰 문제점이 나타났다. 문 아래는 잠글 수 있지만 높은 문 위는 잠글 수 없었다. 만일 잠그려면 사다리를 사용해야 가능하고 그 방법은 실제 쓸 수 없는 방법이다. 또 아래만 잠글 경우 문이 제대로 잠기지 않고 위가 흔들리게 된다.

그는 이 문제를 해결하기 위해 깊은 생각에 잠겼다. 캐비닛(cabinet)의 잠금 장치를 원용하여 만든 동명불원의 정문 시건장치는 문을 닫고 손잡이를 돌리면 거기에 연결된 철주(鐵柱)가 올라가 문 위의 문틀에 만들어진 홈에 끼워져 문을 고정시키고 아래 철주는 수동으로 문 아래에 만들어진 홈에 끼우면 문이 잠기도록 만들어졌다. 캐비닛은 동시에 아래와 위가 잠기게 되어 있지만 이것은 아래를 수동으로 끼워 넣는 것이 다르다. 간편하면서 문을 잠그는 기능은 최대로 발휘하게 고안한 것이다. 이 손잡이 겸 시건장치는 우리나라 대형 문에 처음으로 적용된 실용성의 쾌거이다.[11]

동명불원을 짓는 동안 평균 하루 150명이 투입되었으며 불상 등의 조각은 유명 조각사 40여 명이 맡았고 40여 명의 석수공도 밤낮으로 돌을 다듬었다. 강석진이 이 절을 짓는 데 쏟은 정력은 대단한 것이어서 극성스러울 정도라고 주변에서는 말했다. 하루 3번 이상 현장에 직접 나와 큰일에서부터 작은 일까지 일일이 진두지휘를 했다고 한다. 직접 설계한 것이기 때문에 잘못된 점을 지적하는 데도 정확했고 창의력도 대단했다고 한다. 모든 일에 한 치의 오차도 허용하지 않았던 그의 성품 때문에 직각을 이루지 못한 창들이 부수어지거나 며칠씩 걸려 다듬어 깎아 놓은 석등이 조잡하다고 박살나기도 했다. 그러나 일을 재촉하지 않았고 낮잠 자는 사람을 절대 깨우지 않았다고 한다.

현장 총책 이상운(李相雲) 씨가 말하는 강석진의 집념은 지난 8년 동안 변함이 없었고 69세의 노인답지 않게 새벽부터 저녁 늦게까지 현장을 감독·지휘했다고 한다. 현장에서 밤을 지새우는 날이 거의 매일 계속되었고 밤을 보낸 다음 날에도 피곤한 기색 없이 현장을 돌아보며 보살폈다. 현장에 숙소까지 마련해 놓고 현장감독을 하면서 잘못된 일이나 잘한 일 등에 대해서는 고승의 법어나 불경의 말을 인용해서 칭찬하고 나무랐다.

동명 강석진의 정성의 결정체인 동명불원은 1977년 5월 22일 상오 10시에 개원식을 가졌는데, 그는 동명불원 건립에 대하여 다음과 같이 연설하였다.

> 국가가 위기에 처했을 때는 불자가 앞장서서 구국의 대열에 나섰던 선조들의 얼을 본받아 호국불교의 정신으로 굳게 뭉쳐 국가건설에 앞장섭시다. ……
> 이 동명불원에서 민족을 위한 정신적인 힘이 뒷받침이 되어 나와 사회 그리

---

11) 장길환, 「동명 강석진 박사의 조형관」, 『동명문화』 6집, 312~313쪽.

고 국가와 민족을 위한 안녕과 평화통일의 염원으로 좀 더 알차고 참되며 우리 국민 모두가 새 마음 새 정신으로 한마음 한뜻이 되어 조국통일을 이룩하는 데 정신적인 안식처가 되었으면 하는 것이 나의 소망입니다.

이어서 당시 박영수 부산시장은 개원 축사를 통해 "사회정화를 위해서 불교의 발전이 시급히 요청되는 이때 동명불원의 개원은 우리나라 불교 발전에 큰 공헌"이라고 했고 종정 서옹(西翁) 대종사는 법어를 통해 "과학문명의 뒷받침을 하는 근본인 것은 정신문화이며 정신문화의 근본은 불심이라고 전제하고 과학문명은 불심을 뒷받침하여야 새로운 광명을 찾게 될 것"이라고 말했다.

창건주 강석진은 이 큰 불사를 오직 사재를 헌납하여 이룩하였으며 건물은 물론 불상, 불화, 향로, 촛대, 범종, 문고리까지 온 정성을 다 바쳐 직접 설계하고 시공하였다. 그의 신심과 원력이 자손만대에 이르도록 전하여져 많은 중생들이 이 동명불원에 와서 선근(善根)을 심고 모두가 성불하기를 바라는 마음 간절하다.

(2) 세계 최대 동명불종(東明佛鐘) 조성

동명불종은 세계 최대의 범종이다. 지금까지 가장 큰 종으로 알려진 것은 신라의 봉덕사종(奉德寺鐘)으로 일명 에밀레종(The Emile Bell)으로도 유명하다.12) 이 종의 높이는 286cm이고 무게는 21톤이다. 그러나 동명

동명불종

---

12) 에밀레종 전설이 더욱 알려진 건 일제 강점기 이후 연극과 영화를 통해서였다. 1961년 홍성기 감독과 1968년 권영순 감독의 〈에밀레종〉이란 영화 두 편이 있다.

봉덕사종

상원사 동종

불종은 높이가 325㎝이고 무게가 27톤으로 봉덕사종보다 높이가 9㎝ 더 높고 무게는 6톤이나 더 나간다.

이 종의 크기와 형태, 문양과 부조, 용두(龍頭)와 각자(刻字) 등을 강석진이 거의 혼자서 구상하고 설계하였다. 이 종을 설계하기 위해서는 봉덕사종과 상원사(上院寺)의 동종이 참고가 되었다. 봉덕사종은 웅장한 소리와 화려한 문양이 특징이고 상원사의 동종은 형태와 소리가 함께 아름답기로 유명하다. 형태는 주로 봉덕사종에 가깝게 하였고 문양과 부조는 상원사 동종에 더 가깝게 하였다. 종은 그 소리가 생명이기 때문에 독특한 형태를 마음대로 만들 수 없는 제약성이 있다. 그렇기 때문에 이미 성공한 종의 형태를 참고로 하는 것은 어쩌면 당연한 일이다.

강석진은 종의 크기와 형상·문양을 구상하고 구체적인 치수와 두께 변화에 따른 음향설계와 각 부위에 대한 문양설계를 직접 했다. 이 범종은 1976년 4월 8일 부처님 오신 날에 완성되어 타종되었는데 무려 4년이나 소요되었다. 종을 만들기 위하여 동원된 연인원은 5,590명이었다.

종두(鐘頭) 제조에 있어 일신쌍두(一身雙頭)의 쌍룡으로 된 것과 상반신만 나타낸 한 마리의 용으로 하여 별도로 붙이는 것이 상례이나 이 범종의 종두 네 마리 용 조각은 별도로 만들어 붙인 것이 아니고 종신과 한 덩어리로 주조된 점이 특색이다. 종의 최상부에 있는 네 마리의 용은 4대양에 뻗치는 우리나라 국력을 상징하며 세계를 활무대로 겨레가 웅비용약(雄飛勇躍)하는 기원을 담고 있다. 특히 동명불원의 종소리가 울려 퍼질 때마다 조국을 위해 무엇을 했느냐를 먼저 생각하고 다짐하는 자세를 지니는 데 그 목적이 있다고 그는 설명했다.

동명불원 사룡종두

이 동명불종의 종각은 종의 중량을 조절하고 경치가 좋은 위치를 선정하여 2층으로 지었고 범종을 쳐도 아래에 있는 방의 울림이 없도록 설계한 점이 우수하다. 기술 면이나 외양의 조각 형태에 있어 선인들의 기예를 되살렸다는 점에서도 큰 의미를 찾을 수 있을 것이다. 따라서 이 불사의 성공은 신라시대의 위대한 가치를 오늘에 되살리지 못한 문제점을 보완한 것으로 이 종의 완성은 범종 주조 기술에 있어서 확실히 혁신적인

동명불종 종각

것으로 풀이될 수 있다.

종을 제작하는 데는 몇 가지 방법이 있다. 우리나라 전통의 종 제작 방법은 바닥주형으로 이것을 일명 통틀식(Bedding molding) 주조법이라고 한다. 이것은 한 개의 틀로 만들어 내는 방법이다. 주로 작은 종을 만들 때 사용된다. 상원사의 동종이나 봉덕사종도 이 기법으로 만들었다. 또 하나의 방법은 여러 개의 틀로 만드는 방법으로 이것은 주로 큰 기물이나 복잡한 형태를 만들 때 사용하는데 통틀식보다 제작이 용이하다. 밀랍(蜜蠟)으로 정교하게 종의 형태를 만들고 그 표면에 틀 재료를 발라서 틀을 만들고 주조를 하는 통틀식 주조방법은 기물이 클수록 힘들고 위험하며 성공확률도 낮다. 그는 세계 최대의 이 범종을 만들면서 전통주조 방법인 통틀식 주조법을 사용하기로 했다.[13]

종의 네 면에 있는 비천상은 연화좌 위에 무릎을 세우고 공양하는 공양상과 비천상(飛天像) 주위에는 보상화(寶相花)를 구름과 같이 피어오르게 한 것으로 되어 있다. 구름 위에 두 천녀가 날아오르는 이 비천상은 불교의 육도윤회(六道輪回)의 세계 중 천계의 즐거움을 상징한다. 봉덕사종 표면의 비천상과 상원사의 비천상을 혼합한 형태라고 보면 된다. 동명불종 비천상의 우아한 예술미는 국내외 어떤 범종에서도 찾아볼 수 없는 생동적이고 정교함이 비할 데 없는 훌륭한 예술품이다.

종신(鐘身)에 있어서 4유곽과 비천상의 양각은 전통적인 양식을 사용하여 외양에서도 볼 수 있도록 하였고 크기뿐만 아니라 그 형태와

---

13) 장길환, 「동명 강석진 박사의 조형관」, 『동명문화』 6집, 308쪽.

조각미도 동서고금을 통하여 제일이라는 평가를 받고 있다. 윗부분의 파이프는 종소리가 공간에 은은히 메아리치도록 하였고 이것은 마치 파이프 오르간의 원리와 같은 것으로 음향 또한 웅대 청아함이 극치를 이룬다.

이 종을 만드는 데 총책임자로 설계와 제작을 담당했던 이상운 씨는 이 범종을 위해 상원사에 2

타종하는 강석진 회장과 주지 스님

주간을 머물면서 상원사 범종을 연구하였고 경주 에밀레종의 두께·종신고 등에 대해 세심한 관찰을 거듭했다.

종의 상부는 보상화문으로 장식되어 있는데 상원사 종에는 유두(乳頭)가 튀어나와 있지만 이 종은 유두는 없고 유두문양만 부조되어 있다. 매달아 놓은 종을 기준으로 북쪽 면에는 동명불종(東明佛鐘)이라는 종의 이름이 새겨져 있고 남쪽 면은 불기 2520년 4월 8일과 단기 4309년 4월 8일로써 조성 시기를 밝혔다.

동명불종의 동쪽 면에는 강석진 회장의 7대 철리가 새겨져 있는데 이것은 卍 자에서 그가 터득한 7대 묘리와 그 묘리를 유용하게 활용할 것을 권하는 글과 설계자, 주종자, 글 지은 사람, 글을 쓴 사람 등이 명기되어 있는데 그 내용은 다음과 같다.

東明 姜錫鎭 會長은 佛敎 卍字의 樣相에서 妙理를 깨달았다 卍字는 吉相의 標相이며 功德圓滿의 具顯相이며 吉相과 有樂 德相 慶福 幸運 등으로 본다 또 卍德圓滿한 모양으로써 부처님의 行蹟에 가슴에 그리고 혹은 佛心印이라고도 하며 六十五의 形相이 있는 중의 하나라고도 한다 이 오묘한 佛敎 卍字의 構成에서 얼은 七個條의 社訓은 다음과 같으며 勤勉 正直으로 社會에 奉仕함을 社是로 삼아 傘下各職員과 技術職員에게 과감히 이를 實踐케하여 職員들의 福祉向上 및 厚生에 이바지한바 그 힘이 컸다 이런 社訓은 千古의 빛이며 一般人에게도 거울이 될 것이므로 거룩한 이 鐘에 새겨두기로한다

一 水平 ─ 公平한 相이다 어느쪽에도 기울리지 말자
一 直角 ─ 正心의 촉발이다 빠르고 올바르게 깨달자
一 直線 ─ 直立線의 相이다 과감하게 어김없이 하자
一 均衡 ─ 存立의 원칙이다 전후좌우를 잘 맞추자
一 中心 ─ 統轄의 原点이다 잡은 里程은 흔들리지말자
一 力學 ─ 精神과 육체의 精이다 온 힘으로 일하자
一 圓 ─ 宇宙의 진리이다 원만 하게 두루 통하자

卍字의 진리는 뜻깊은 것이므로 七個條 敎訓外에 여러뜻이 담겨저 있으니 저마다 연구 體得하면 社會進出과 國家奉仕에 좋은 礎石이 될 것으로 빈는다

서기 一九七五年 四月 八日

설계 東明 姜錫鎭
주종 青錠 金石晶
지음 皇山 高斗東
쓴이 蒼南 高鉰柱

동명불종의 동쪽 면에 새겨진 卍 자의 7대 철리(哲理)

그는 스스로를 목수라고 자처하면서 기술자의 안목으로 卍 자가 지닌 조형적·역학적 원리를 7대 철리로 정의하였다. 사람이 한평생 살아가는 길목에서 어떤 일을 계획하고 실천하는 데 이 철리에 따라야 하며 자신은 물론 세상 사람들이 걸어가야 할 삶의 규범과 정도를 밝혀 놓고 있다. 이러한 철칙은 불법의 오묘한 원리와 통하는 탁월한

윤리규범이라고 할 수 있다. 불교의 표지인 卍 자를 현실적 마음가짐 특히 산업적·공학적으로 해석을 한 7대 철리는 불교 역사상 일찍이 볼 수 없었던 획기적인 해석이라고 할 수 있다.

동명불종의 서쪽 면은 다음과 같이 씌어 있다.

강석진이 비룡산 중턱에 동명불원을 짓고 부처님의 가르침을 사회교화의 근원으로 삼고자 하는 큰 뜻으로 이 종을 만든 것이며 특히 종두에 네 마리 용을 배설(配設)한 것은 사해 즉 세계를 활무대로 하여 이 겨레의 웅비용약을 의미하는 것이다. …… 또 동명의 의의는 이른 아침 금빛 찬란히 치솟는 저 태양을 상징한 것이며 이 황홀한 광명을 받아서 온 누리가 휘황히 밝고 약동하는 것과 같이 저마다 청신한 기상으로 그 맡은 바 업무에 정진하자는 뜻이므로 이른 아침마다 이 종이 우렁차게 울려 퍼질 때 강 회장의 떳떳한 교훈이 함께 어울려서 씨의 큰 소망이 길이길이 빛에 차 있을 것으로 믿는다.

결론

강석진의 조형물에는 다른 사람이 디자인한 것에 비하여 독특한 특징을 발견할 수 있는데 그것이 바로 애국사상이다. 그는 다른 경영자에 비하여 남달리 애국심이 강했다. 그래서 그의 조형물인 동명불원을 보면 호국불교 사상을 쉽게 엿볼 수 있다.

첫째, 동명불종의 네 마리의 용이다. 우리나라의 국운이 세계로 뻗어나가 개인의 발전은 물론 조국의 부강을 가져오게 하라는 염원에서 비롯된 것이다. 그는 매일 웅장한 종소리와 함께 용에서 뿜어 나

오는 기운이 온 천하에 퍼져 나가서 군사적으로나 경제적으로 강대
국이 된 대한민국을 꿈꾸었던 것이다.

둘째, 그는 또 동명불원의 정문인 사천왕문에도 태극 문양을 넣었
다. 태극 문양은 불교와는 아무 관련이 없다. 태극 문양은 사당이나
군사 목적의 성문에 주로 사용된다. 그렇지만 그는 파격적으로 사찰
의 문에 태극 문양을 넣었던 것이다. 한국의 불교는 호국불교의 맥을
이어가야 한다는 그의 신념에서 결정된 것이라고 본다.

무궁화가 양각된 암막새기와

셋째, 파격적인 것은 사찰의
지붕을 이는 기와이다. 주로 사
찰의 기와는 암키와와 수키와가
있는데 처마 끝은 암막새기와와
수막새기와로 마감한다. 이 막
새기와 중에 수막새기와는 연화
문으로 장식하고 암막새기와는 당초문이나 보상화문으로 장식하는
것이 일반적인 전통이다. 그러나 동명불원의 기와는 이 전통적인 방
법을 사용하지 않고 수막새기와의 문양은 卍 자를 양각하였고 암막
새기와는 민족의 상징이며 겨레의 꽃인 무궁화 문양을 양각하였다.

이런 양식은 동명불원 말고는 어디에서도 찾아볼 수 없는 독특한
양식인 것이다. 이 또한 호국불교와 일맥상통하고 있으며 그의 애국
심의 발로였다고 할 수 있다. 그는 조형물 하나에도 나라사랑의 뜻을
담으려고 애썼으며 나라를 위하는 길이라면 언제나 솔선수범하였던
것이다.14)

---

14) 장길환, 「동명 강석진 박사의 조형관」, 『동명문화』 6집, 318~320쪽.

가장 한국적인 사상인 우리의 효사상은 가장 세계적인 사상이다. 실제로 효사상은 오늘의 세계가 상실한 가치, 그래서 가장 절실히 요청되는 소중한 가치들을 그 안에 응축하고 있는 것이다. 어쩌면 현대문명이 안고 있는 모든 고민이 여기에서부터 풀려 나갈 수도 있을 것이다. 효사상이 응축하고 있는 것을 분석해 보자.

첫째, 효는 지극한 인본주의(人本主義)를 바탕으로 하고 있다. 효사상은 자기 생명의 창조자인 조상을 신으로 받드는 우리 원시종교에 뿌리를 박고 있다. 그것은 인간 위에 어떠한 권위도 용납하지 않는 지극한 인본주의가 아닐 수 없다. 인간을 가장 존귀한 존재로 여기는 이 정신은 미래 사회의 새로운 중심 가치로 떠오를 것이다. 기계 문명 속에서 인간이 기계의 부속품으로 전락하는 극도의 인간소외를 체험한 인류에게 앞으로 가장 절실한 과제는 인간회복이기 때문이다.

둘째, 효는 이타주의(利他主義)를 본질로 한다. 부모도 엄밀하게는 사실 나와 별개의 개체다. 그런데도 나보다 더 부모를 위한다. 그것은 이미 높은 차원의 이타주의다. 산업화 · 도시화 · 개인화로만 질주해 가는 현대문명은 인간의 가슴속에 극도의 이기심만을 심어 놓았다. 이 이기심은 세상을 갈등과 투쟁의 전장으로 몰아가고 있다. 그러므로 이타주의 역시 인본주의와 함께 미래 사회가 절실히 필요로 하는 가치가 아닐 수 없다.

셋째, 효는 인내주의(忍耐主義)를 필수로 한다. 부모를 섬기고 받드는 과정은 곧 나의 충동과 감정을 억누르고 자제해 나가는 과정이다. 그러므로 효를 실천한다는 것은 인내심이 발휘되는 과정인 동시에 인내심이 함양되는 과정이다. 현대문명은 편리와 속도와 감각의 추구에 영합되어 쏟아져 나온 현대의 모든 정신적 · 물질적 산물로 인간을 극히 충동적이고 즉흥적인 존재로 변모시켜 놓았다. 오늘의 광포한 세태를 극복하기 위해서 꼭 필요한 가치인 인내를 효사상은 내포하고 있다.

넷째, 효는 또한 절충주의(折衷主義)를 필수로 한다. 부모를 모시는 자는 자신의 극단적인 입장만을 고집할 수 없다. 세대 간에 조화를 이루려면 반드시 절충의 지혜를 발휘해야만 한다. 부모의 부당함이 있을 때에는 체읍이간(涕泣而諫), 즉 옷소매를 붙들고 눈물로써 간하여 바른길을 함께 찾아 나가는 법이다.

다섯째, 효는 평화공존주의(平和共存主義)를 이상으로 한다. 위로 부모를 받들어 모시면서 아래로 자식에 이르기까지 가족 전체를 이끌고 화평한 가정을 꾸려 나가는 것은 인간생활의 근본이다. 출발은 가족 구성원 간의 화목이 되겠지만 그 범위를 확대시켜 나가면 그것이 곧 홍익인간의 이념으로 연결된다.

효사상 속에는 이처럼 인본주의, 이타주의, 인내주의, 절충주의, 평화공존주의의 정신이 응축되어 있다. 이것들은 모두 그대로 오늘날의 세계가 절실히 갈망하고 있는 정신적 가치들이다. 효를 가르친다는 것은 이 모두를 한꺼번에 함양시키는 것이요, 효를 실천한다는 것은 이 모두를 한꺼번에 실천하는 것이다. 그렇다고 그 과정이 엄청난 규율을 필요로 하는 것도 아니다. 바로 자기 자신의 부모를 생각하는 마음 하나를 열어 놓음으로써 생활 속에서 자연스럽게 이루어질 수 있기 때문이다. 우리는 이 효사상을 지금 위기에 처한 현대문명 앞에 하나의 해답으로 제시할 수가 있다고 본다.

효는 가정의 질서를 찾는 데서부터 출발한다. 가정은 사회를 구성하는 기초 단위이며 인성교육을 실현하는 가장 효과적인 집단이기 때문이다. 가정에서부터 건전한 인성교육 · 가치교육이 이루어지고 그것을 점차 확대하여 강화시켜 나갈 때 윤리부재에서 오는 사회의 병리현상도 치유할 수 있다고 본다.

　개인, 가족, 이웃, 국가, 세계가 서로 분리된 단어가 아니라 가족단위를 중심으로 서로 불가분의 관계에 있기 때문에 가정에서의 사랑과 공경의 마음이 가정의 문턱을 넘어 사회나 국가에 전달된다면 모든 사회조직도 가족적 친밀감과 결속력으로 건강한 사회적 기능을 다하게 될 것이다. 특히 효를 단지 부모에 대한 도리에서 그치지 않고 사회의 질서를 지키는 기반으로 공적규범으로 재인식하고 그 참된 가치를 현대사회 속에서 실현시키는 것이다. 이러한 시점에서 한국의 효 정신이 고스란히 묻어 있는 강석진의 동명불원 건립 동기를 통해 효의 사회화 운동을 전개해 보면 어떨까 하는 생각도 해 본다.

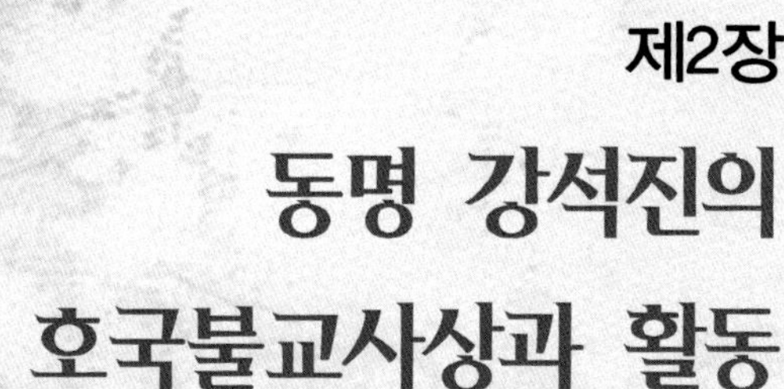

제2장
동명 강석진의
호국불교사상과 활동

〈당신을 보았습니다〉

-만해 한용운

당신이 가신 후로 나는 당신을 잊을 수가 없습니다.
까닭은 당신을 위하느니보다 나를 위함이 많습니다.

나는 갈고 심을 땅이 없으므로 추수(秋收)가 없습니다.
저녁거리가 없어서 조나 감자를 꾸러 이웃집에 갔더니,
주인은 "거지는 인격이 없다.
인격이 없는 사람은 생명이 없다.
너를 도와주는 것은 죄악이다"고 말하였습니다.
그 말을 듣고 돌아 나올 때에
쏟아지는 눈물 속에서 당신을 보았습니다.

나는 집도 없고 다른 까닭을 겸하여
민적(民籍)이 없습니다.
"민적 없는 자는 인권(人權)이 없다.
인권이 없는 너에게 무슨 정조(貞操)냐" 하고
능욕하려는 장군이 있었습니다.
그를 항거한 뒤에

남에게 대한 격분이 스스로의 슬픔으로
화(化)하는 찰나에 당신을 보았습니다.

아아, 온갖 윤리 도덕 법률은 칼과 황금을
제사 지내는 연기(烟氣)인 줄을 알았습니다.
영원(永遠)의 사랑을 받을까,
인간 역사의 첫 페이지에 잉크 칠을 할까,
술을 마실까 망설일 때에 당신을 보았습니다.

문제제기

한국불교의 커다란 특징 가운데 하나가 호국불교이다. 역사적으로
본다면 실제로 나라가 어려움이나 외침에 의해 위기에 빠졌을 때 불
교가 난국 타개를 위한 정신적 지도 원리로서 많은 역할을 했다. 간
략하게 사례를 들면 삼국시대에 자장율사가 황룡사 9층탑을 세워 신
라의 안녕과 삼국통일을 기원했던 일이나 고려시대 몽고의 침입에
대항하여 『팔만대장경(八萬大藏經)』을 주조하여 민심을 수습하고 국
론을 통일시키고자 했던 것이 그것이다. 조선시대에는 임진왜란을 맞
아 서산대사 휴정 스님과 사명대사 유정 스님이 중심이 되어 승병을
조직하고 왜적과 직접 맞서 싸움으로써 전란의 와중에서 민족을 구
해 낸 일이나 일제의 식민지 치하에서 한용운 만해 스님 등 애국불자
들이 조국의 독립을 위해 온몸으로 저항한 일들은 호국불교의 전통
을 이어 온 산 역사인 것이다.

말하자면 불교의 자비정신에 입각하여 민생의 터전이 되는 국가의

안녕을 도모하는 것이 호국불교의 참뜻으로 한국불교를 호국불교라고들 말할 정도로 불교는 한국역사 속에서 호국신앙을 잉태하고 발전시켜 왔다. 물론 한국불교가 이토록 호국적 역할을 다해 온 것이 불교의 가르침이 전적으로 호국만을 위한 것은 아니다. 수행이나 깨달음에 못지않게 중생구제를 중요시하는 대승불교의 정신이 빚어 낸 결정체라고도 하겠다.

국가를 잘 수호하고 번영하게 하는 일은 어느 나라 어느 민족에게 있어서나 공통된 과제가 되고 있다. 이처럼 호국은 국가나 민족에 있어 가장 공통적이고 현실적인 문제이기 때문에 어떤 방법을 통해서든지 그 목적을 달성하고자 하는 것이며, 여기에 종교를 통한 호국신앙이 있어 온 것이다.

이러한 호국신앙의 특수성에도 불구하고 한국불교에서 호국사상이 차지하는 비중이 증대하게 된 것은 한국의 역사적 배경이 신라의 삼국통일을 위한 전쟁, 계속되는 이민족의 침입으로 인한 전쟁 등 끊임없는 전쟁의 고통 속에서 허덕이는 경우가 많았다. 결국 이러한 역사적 절박함을 극복할 수 있는 정신적인 위안처로서 호국사상은 발전하게 될 수밖에 없었던 것 같다.

문무왕은 독실한 신불군주로서 불교의 호국사상을 통한 진호국가(鎭護國家)[15]를 달성하기 위한 정책을 추진하였다. 한편 임종의 순간에도 "짐은 죽은 뒤 나라를 지키는 큰 용이 되어 불법을 높이 받들면서 나라를 지키고 싶다."고 말하고 자신의 평안보다 국가와 민족을

---

15) 교법(敎法)으로 나라를 지키는 일로 『인왕반야경』이나 『금광명경』 등의 경전을 지니고 독송하면 나라를 지킬 수 있다고 한다. 중국에서는 남북조 시대부터 이를 위한 법회가 성행하였고 우리나라에서는 신라 이래 고려에 이르기까지 진호국가 삼부경을 독송하는 법회를 통한 많은 수법(修法)이 행하여졌다.

위하여 사후 호국의 대용(大龍)이 되어 왜구를 막아 나라를 지키고 불법을 숭상하겠다는 정신으로 국가안위와 호국애민에 투철하였다.

문무왕은 676년에 당군을 한반도에서 축출하고 명실상부한 삼국통일의 대업을 완성했다. 그러나 무엇보다 중요한 것은 신라가 불사의 힘으로 사천왕사를 건립함으로써 위기의식을 극복하고 삼국통일의 의지로 전환시킨 것에 주목해야 한다.

강석진의 일생을 돌이켜 보면 성공한 기업가로서 수많은 영광과 업적이 기록되어 있다. 그러나 그의 경력 중에서도 단연 돋보이는 분야가 국가안보에 진력한 공로이며 이러한 경력은 호국불교 사상과 연결되어 그의 종교관의 뚜렷한 특색으로 남아 있다. 그는 우리 민족사에 나타나는 호국불교의 전통을 현재 우리 민족이 처해 있는 분단의 상황에 적용시켜 비극적 현실을 타개하는 지혜로 삼으려 하였다. 그는 호국불교의 전통을 되살려 호국안보의 정신을 세우려 하였다.

강석진은 다른 경영자에 비하여 남달리 애국심이 강했다. 나라의 안정과 발전 없이는 기업도 존재할 수 없다는 생각에서 국가안보에 솔선수범하여 협조하였다. 그는 나라에 힘이 없기에 일본에 국권을 빼앗긴 식민국가가 되고 한국전쟁으로 나라가 폐허가 되어 수많은 고통을 당하는 것을 몸소 체험했기 때문에 그의 머리에는 첫째도 안보요 둘째도 안보였다.

그가 한창 기업을 발전시킬 무렵인 1960년대와 70년대는 1·21 무장공비사건, 베트남전, 푸에블로(Pueblo)호 납치사건, 영부인 육영수 여사의 저격 사망사건, 남침용 땅굴 발견 등으로 나라의 안보가 위협받고 있던 시기였다. 호국불교의 정신으로 공산주의를 막아 민족의 통일을 이루기 위해 자신이 할 일은 자신의 재산을 던져 이 사회에 호국안보의 정신을 세우는 일이었다. 그는 성공한 기업가로서 다른 사람이 가지지 못한 재력을 소유하고 있었다. 그는 자신의 재력을 나누어 호국불교를 진흥시키고 국가정신을 일으켜 세우려 하였다.

강석진이 군수사령부의 금련사와 해군사관학교의 호국사를 짓기 위해서 쾌척한 돈은 당시의 기준으로 보아도 결코 적은 돈이 아니었다. 이처럼 많은 재물을 던져 육해군에 사원을 기증한 것은 그의 종교적 신념이 호국불교를 숭상하기 때문이었다. 그는 역사상 민족을 보위하기 위하여 희생한 선열들의 호국정신을 본받아 국군 장병들이 부처님의 법을 따라 국가와 민족을 위해 살신성인하는 호국불교 정신이 실현되는 날, 우리 민족의 안녕과 번영이 저절로 이루어지리라고 생각하였다.

스스로의 노력과 능력으로 이룬 재산임에도 고통받는 중생을 위해 동명불원을 건립하여 공공의 재산으로 헌납하고 민족의 보위를 위해 자신을 던진 국군 장병들에게 종교적 안식을 주고자 거액의 재물을 털어 금련사와 호국사 사찰을 지어 준 그의 불심은 간과할 수 없는 의미가 숨어 있는 것이다.

강석진의 호국불교 사상은 국가안보에 중심축을 두고 있는 것은 사실이지만 이보다는 우리들이 생활하고 있는 가운데 각자 맡은 바 책임을 다하면서 안보의식을 갖도록 하자는 데 더 큰 목적이 있었다고 본다. 즉 거창하게 부르는 안보보다는 기업인으로서 국민들의 복리증진을 도모하며 정이 흐르는 살기 좋은 사회를 만들어 가는 것이 그의 안보사상이었다.

「동명 강석진의 호국불교 사상과 활동」에서는 문무왕과 강석진이 이루어 놓은 업적 중에서도 특히 문무왕의 사천왕사 건립과 강석진의 금련사 · 호국사 건립 후원을 호국불교 관점에서 살펴보려고 한다. 먼저 문무왕의 호국불교 사상과 사천왕사 건립의 호국적 성격을 살펴보고, 1960~70년대 한반도에서 안보에 위협을 받고 있을 때 강석진이 한국에서 최초로 팔각회를 창립하고 또 그의 후원으로 금련사 · 호국사의 건립후원이 가지는 호국적 성격을 확인하고자 한다. 이러한 호국사상에 대한 바른 이해를 토대로 해서 현재 우리가 당면한 남북통일 문제라든지 국가의 독립적이고 주체적인 권익확보 문제 등에 대한 현실적인 문제를 거론하고 응용하기를 간절히 바라고 싶다.

1. 문무왕의 호국불교와 사천왕사 건립

(1) 문무왕의 호국불교사상

신라 제30대 문무왕(文武王)은 진평왕 48년(626)에 탄생하여 무열왕 2년(655) 세자로 책봉되고 고구려 정벌 중에 부왕 서거로 즉위하여 많은 치적을 쌓고 재위 21년에 사망하였다. 문무왕은 외모가 영특하고 총명하며 지략이 많고 성품은 무사안일을 멀리하였다.

신라는 당과의 군사동맹의 체결을 통해서 660년에 백제를, 668년에 고구려를 멸망시켜 삼국을 통일했다. 하지만 신라와 당 양국이 군사동맹을 맺은 목적은 서로 달랐다. 즉 신라의 목적은 백제와 고구려의 압력에 대한 자구책이었고 당의 의도는 중화의 자존심에 심한 수치심을 불러일으키게 했던 강력한 국가 고구려를 멸하는 것이었으며 나아가서는 한반도를 그들의 지배하에 두는 것이었다.

이런 까닭에 신라가 668년에 고구려를 멸망시킴으로써 표면상 삼국은 통일되었지만 한반도에서 당의 세력을 축출하지 않는 한 실질적인 통일을 이룬 것이 아니었다. 따라서 신라와 당 양국은 백제와 고구려를 멸하고 난 후에 곧 충돌할 수밖에 없었다. 즉 신라의 한반도에서 당 축출과 당의 한반도 지배야욕은 양국의 군사적 충돌을 불가피하게 하였다.

양국의 충돌은 문무왕 10년(670)에 당이 설방(薛邦)을 장수로 삼아 50만 대군으로 신라를 치는 것을 시작으로 해서 671년에는 조헌(趙憲)을 장수로 삼아 5만의 군사로 신라를 침공하는 것으로 가속화되었다. 그런데 신라는 이런 위기를 극복하는 과정에서 국가적 불사를 일으키려고 했다. 당에 유학하던 의상(義湘)의 귀국을 통해서 당 침공의 소식을 접하게 된 신라 문무왕은 당의 침공에 방어책을 강구하지 않을 수 없었다.

그래서 문무왕은 군신과 더불어 이 문제를 논의했다. 각간(角干) 김천존(金天存)이 문무왕에게 용궁에 들어가 비법을 전수받은 명랑(明朗) 스님에게 자문을 구할 것을 요청했다. 이에 문무왕은 그의 건의를 받아들여 명랑을 불러 당의 군사적 침공에 대해 대책을 자문했다. 그리고는 명랑의 건의에 따라 사천왕사(四天王寺)를 창건하고 문두루비법(文豆婁秘法)을 행하여 당나라 군사를 물리치는 방어책을 강구했다.16)

당의 신라 침공 소식을 접한 신라 조정은 당의 침공을 정면으로 맞서서 이에 대응했다. 신라를 나무라는 글을 보내면서 백제의 옛 땅을 돌려주라는 당 고종의 말을 전해 들은 후 문무왕은 신라의 행동이 정

---

16)『三國遺事』卷2,「文虎王法敏條」.

당함을 주장하는 글을 보내고 바로 백제 고토에 대한 대대적인 침공을 개시하여 사비성과 웅진성 부근을 제외한 웅진도독부의 전 지역을 무력으로 확보했던 것이 그 예다.

나당전쟁은 문무왕 10년(670)부터 시작되어 676년까지 계속되는데 대부분의 전투에서 신라가 승리하였다. 신라군은 675년 당의 이근행(李謹行)이 20만 대군을 거느리고 쳐들어왔으나 매초성(買肖城) 전투에서 18회나 싸워 모두 승리하였다. 이때 전마(戰馬) 30,380마리 등 많은 병기를 노획하였다. 그리하여 6년에 걸친 당과의 전쟁은 신라의 승리로 끝나고 신라는 명실상부한 통일국가를 이루게 되었다.

신라가 오랜 기간 동안 전쟁을 치르면서도 투지를 잃지 않을 수 있었던 힘의 원동력은 전쟁 초기에 명랑 스님에 의하여 행해졌던 문두루비법의 영향이 컸을 것으로 생각된다. 이상에서 신라가 당나라 군사와 싸워서 승리할 수 있었던 것에는 여러 요인이 있었겠지만 그 무엇보다 신라인의 단합된 의지가 이를 가능하게 한 중요한 배경임에 틀림없다. 이러한 배경에는 사천왕사의 창건에 신라인의 호국안민의 비원과 정성이 서려 있다고 하겠다.

문무왕이 백제 정벌 후 백제 잔민의 도전과 고구려 정벌은 긴급한 상황 속에서 등장하였다. 즉위 직후부터 백제부흥운동 세력의 완강한 저항을 극복했고[17] 당과 연합하여 북방의 대국 고구려를 멸망의 길로 몰아넣었으며 마침내는 대당전쟁을 통해 한반도 지배를 획책하던 중원의 대제국인 당을 한반도에서 축출함으로써 삼국통일의 대업을

---

17) 의자왕 20년(660) 나당연합군에 의해 백제는 멸망했다. 백제는 비록 수도가 함락되었지만 지방의 많은 성에서는 저항을 계속했고 당군의 노략질이 시작되면서 더욱 격렬해졌다. 그중 두드러진 활동을 한 사람으로는 임존성(任存城)의 흑치상지(黑齒常之)를 비롯해 복신(福信)·도침(道琛)·부여풍(扶餘豊) 등이 있다.

달성하였다. 그의 재위 21년간을 개관하면 즉위 직후부터 16년(676)까지는 크고 작은 전쟁이 끊임없이 지속되었고 평화의 시대는 후반부 약 5년 정도에 지나지 않았다. 재위 기간의 대부분 시기에 군사 활동이 이어졌던 셈이다.

문무왕의 정책은 통일 전과 통일 후의 두 시기로 나누어 볼 수가 있다. 통일 전에는 국력을 총동원하여 고구려를 물리치고 당의 세력을 대동강 이북으로 쫓아내는 데 있다고 보면 통일 후의 정책은 어떻게 하면 통일된 국가를 안정시키느냐 하는 데 주안점이 있다고 볼 것이다. 자칫하면 통일제국이 붕괴될 위험까지 안고 있었던 것이다. 이러한 난제를 타개하는 유일한 방법은 국왕을 중심으로 전제왕권의 강화에 있었다고 생각된다.

이러한 전제왕권을 뒷받침해 주는 강력한 사상은 바로 불교였다. 문무왕의 불교정책은 개인적인 신심이 바탕이 된 것이기는 하지만 국가와의 관련에서 나타나는 불교정책은 또 다른 모습을 가진 것이었다. 이렇게 그의 불교정책은 당시의 상황에 걸맞게 행해졌을 것으로 판단된다. 문무왕대는 통일전쟁의 수행 시기와 함께 통일 이후 전쟁 종결에 다른 백성들에 대한 위로와 삼국민의 화합이라고 하는 문제가 있었다. 그의 재위 기간에 나타난 정책과 불교를 관련지어 보면 다음과 같다.

첫째, 국가에서 직접적으로 필요한 군사정책이나 정치 자문 역으로 승려들을 대거 발탁해서 쓰는 정책을 실시하였다. 둘째, 전쟁 기간 중에 귀족층이 사찰을 매개로 재산을 도피하고자 하는 것을 불교와 관련한 금령을 통해 정책적으로 금지하였다. 셋째, 불교를 통해 새롭게 편입된 영토의 주민들을 회유하고자 하는 노력을 펼쳤으며 다양

한 불교 신앙을 통해 국민적 화합이 이루어지기를 원했다.[18] 이와 같이 문무왕은 불교를 통해 국가의 안정을 꾀하고자 하였으며 그것과 관련해 왕권의 강화를 얻고자 했음이 분명하다.

한편 삼국전쟁을 추진하는 과정에서『법화경(法華經)』의 '회삼귀일(會三歸一)' 사상이 신라 국민의 정신을 한군데로 묶는 데 중요한 역할을 하였다고 생각된다. 왜냐하면 삼승이 서로 다른 것이 아니라 결국은 하나인 일불승(一佛乘) 안에 담긴다는『법화경』의 요지인 '회삼귀일' 사상은 신라 · 고구려 · 백제의 삼국이 하나의 불국토인 신라로 크게 통합된다는 필연성과 당위성을 제공하여 주는 철학으로 이해될 수 있기 때문이다.

문무왕은 전 인생을 삼국통일과 통일된 국가의 안녕을 도모하는 데 평생을 보냈다. 그의 국가를 위한 마음은『삼국사기(三國史記)』와『삼국유사(三國遺事)』에 잘 나타나 있다.

① 왕이 경성을 일신케 하려 부도 의상에게 문의하니 그는 말하기를 "비록 초아 모옥에 있더라도 정도만 행하면 복업이 장구할 것이요 만일 그렇지 못하면 비록 여러 사람을 수고롭게 하여 (훌륭한) 성을 쌓을지라도 아무 이익이 없을 것입니다."라고 하자 문무왕은 곧 역사(役事)를 그쳤다.

② 왕의 유조에 이르기를 "과인이 어지러운 시대에 전쟁의 때를 만나 서정북토(西征北討)로 강역(彊域)을 통일하고 …… 병기를 녹여 농기구를 만들고 백성을 잘살게 하여 부세(賦稅)를 가볍게 하고 요역(徭役)을 덜어서 집집마다 풍족하고 백성이 안정되어 국내에 근심이 없으며 식량이 풍족하고 죄수가 없어 감옥은 잡초만 무성하다. …… 종묘사직의 주인은 잠시라도 비어서는 안 되니 태자는 곧 구전(柩前)에서 왕위를 계승하라."

<hr>

18) 金福順,「文武王의 佛敎政策」,『신라문화』16 김갑주 교수 정년기념호, 동국대학교 문화재연구소, 1999, 6〜9쪽.

③ 대왕이 나라를 다스린 지 21
년 만인 영륭 2년(681) 신미에 죽
으니 유명(遺命)에 의해서 동해의
큰 바위 위에서 장사 지냈다. 왕은
평상시에 항상 지의 법사에게 말했
다. "나는 죽은 뒤에 나라를 지키
는 큰 용이 되어 불법을 승봉해서
나라를 수호하려 하오." 이에 법사
가 말했다. "용은 짐승의 웅보인데

사적 158호 문무대왕릉

어찌 용이 되신단 말입니까." 왕이 말했다. "나는 세상의 영화를 싫어한 지가
오래되오. 만일 추한 응보로 내가 짐승이 된다면 이야말로 내 뜻에 맞는 것
이오."

이상에서 살펴본 바와 같이 신라는 676년에 당군을 한반도에서 축
출하고 명실상부한 삼국통일의 대업을 완성했다. 신라가 당군을 축출
할 수 있었던 요인은 복합적이었을 것이다. 그러나 무엇보다 중요한
것은 신라가 불사의 힘으로 사천왕사를 건립함으로써 위기의식을 극
복하고 삼국통일의 의지로 전환시킨 것에 주목하고자 한다.[19] 특히
한반도에서 당 군사를 축출하는 데 사천왕사의 건립이 가지는 호국
적 의미는 대단히 중요하다고 하겠다.

(2) 사천왕사(四天王寺) 건립과 특징

불교의 궁극적인 목표는 수행자가 부처의 가르침을 통해 깨달음의
경지에 도달하는 것이지만 그 전파 과정에서 부처 이외의 신우(神友)

---

19) 金相鉉, 「四天王寺의 密敎的 性格에 關한 研究」, 『신라문화제학술발표논문집』 17,
1966, 125쪽.

나 협시(挾侍)들에 대한 신앙 또한 자연스럽게 싹터 나간 것이 사실이다. 특히 신중이나 보살들에 대한 신앙이 그러한데 이는 대승불교가 갖는 중요한 특징들 가운데 하나라고 할 수 있다.

사천왕(四天王) 역시 비록 그 신위가 높지는 않지만 짙은 호국적·호신적 색채로 인해 국가적인 차원에서는 외침으로부터 불국토를 수호하고자 하는 국난타개의 목적으로 개인적으로는 질병이나 액운으로부터 구제받고자 하는 구병벽사(救病辟邪)의 목적으로 별도의 신앙으로까지 발전했다. 따라서 『금광명경(金光明經)』의 「사천왕품(四天王品)」에 의하면 사천왕 신앙이란 사천왕상을 조상(造像)하여 이 경을 호지하고 신봉하면 사천왕이 국가나 개인에 대해 안보를 책임지겠다는 서원을 이렇게 천명한다.

우리 사천왕은 이 경을 듣는 임금이나 그의 백성들을 보호하고 염려하여 환란을 덜어 주고 평안케 하며 다른 지방으로부터 쳐들어오는 원수와 대적들을 물리쳐 주겠노라. 또한 어떤 임금이 이 경을 들을 때 그 이웃나라에서 나쁜 생각으로 군대를 일으켜 이 나라를 치려 하더라도 이 경의 신력으로 그때에 이웃나라에도 또 다른 원수가 쳐들어가 난리가 날 것이며 그 나라 안에 여러 가지 시끄러운 일과 재난과 질병이 일 것이다. 그때 그 다른 원수가 이러한 나쁜 재난을 일으킨 뒤 군대를 이끌고 이 나라에 와서 또다시 싸움을 일으킨다면 우리는 권속과 수많은 귀신들과 더불어 형상을 숨기고 이편을 구원하는 동시에 저 원수들이 저절로 물러나게 할 것이다.

사천왕 신앙이 특히 군사적인 목적으로 이용된 도량을 '사천왕 도량'이라 하는데 이는 사천왕을 본존으로 하는 기도 법회로서 사천왕의 보호를 받아 적군을 물리친다는 진병도량[鎭兵道場]을 말한다. 또한 이때 사용하는 의식을 문두루비법(文豆婁秘法)이라 하는데 이는 제석천·사천왕·여러 귀신·왕·신하들이 모여 서로 의문 나는 것을 부처님께 묻고 대답하는 일종의 화답(和答)식 의식으로서 무엇보다도 진언과 주술을 동원한 밀교(密敎) 성향이 짙었다. 따라서 절명의 위기에 처한 군주나 장수들은 자주 사천왕의 신력을 구하기 위해 도량을 개설하고 축원함으로써 수적인 열세나 전략상의 위기를 극복하고자 했다.

한반도에서의 사천왕 사상은『금광명경』의 도입과 직접적인 연관이 있다고 보는 견해가 지배적이다. 중국과 마찬가지로 사천왕의 신력에 힘입어 적군을 물리친 경우가 우리나라에도 보이는데 이미 문무왕 시절 당병의 침입을 막기 위해 명랑 스님이 사천왕사를 세우고 문두루 도량을 개설한 바 있다. 당시 신라는 문두루비법의 효험으로 금강 하구에서 22차례의 치열한 전투 끝에 당나라 수군을 격퇴시킬 수 있었다고 한다.

『삼국유사』는 당시 상황을 이렇게 전한다. 668년 당나라의 유병과 여러 장수들이 진(鎭)에 머물러 있으면서 장차 우리 신라를 치려 했으므로 왕이 이를 알고 군사를 내어 공격했다. 이듬해 당고종은 김인문(金仁問)을 불러들여 크게 꾸짖었다. "너희가 우리 군사를 청해 고구려를 멸망시키더니 이제 와서 우리를 침해하려는 것은 무슨 까닭이냐?" 하고 옥에 가두고 군사 50만을 동원하여 설방(薛邦)을 선봉장 삼아 신라를 치려 하였다.

때마침 당에 유학하고 있던 의상이 이 사실을 알아차리고 급히 귀국하여 왕에게 아뢰니 왕은 몹시 두려워 신하들과 대책을 논의했다. 각간 김천존이 "요새 명랑 법사가 용궁에 들어가서 비법을 배워 왔으니 그를 불러 마땅합니다."라 하자 이윽고 불려온 명랑은 "낭산(狼山)

사천왕사지

사천왕사지 발굴유물 귀면와(鬼面瓦)

남쪽에 신림(神林)이 있습니다. 거기에 사천왕사를 세우고 도량을 개설하면 좋겠습니다."라 하였다. 그때 정주에서 사람이 달려와 "수많은 당나라 군사가 국경에 이르러 바다 위를 돌고 있습니다."라고 보고하자 왕은 "일이 이미 급하게 되었으니 어찌하면 좋겠는가?" 명랑에게 다시 물었다.

명랑은 채색비단으로 임시로 절을 만들고 풀로써 오방신(五方神)을 만들어 유가(瑜伽)의 명승 12명으로 하여금 문두루비법을 수행하게 했다. 그때 당군과 신라군이 직접 교전하기 전인데도 갑작스럽게 바람과 물결이 사납게 일더니 당나라 군사들이 모조리 수장되었다. 그 후에 절을 고쳐 짓고 '사천왕사(四天王寺)'라 하였다. 사천왕사는 당군의 침입으로 국운보존을 위해 명랑이 문두루비법을 시행하기 위하여 창건하였다.

사천왕이란 이름은 신인종(神印宗)의 주요 경전인 『금광명경』의 「사천왕품(四天王品)」에 그 사상적 근거를 두고 있다. 사천왕은 불법을 지키는 수호신이다. 동쪽은 대국천왕(待國天王), 서쪽은 광목천왕(廣目天王), 남쪽은 증장천왕(增長天王), 북쪽은 다문천왕(多聞天王)이

각각 맡아서 사방을 지킨다고 한다. 사천왕은 이 경을 공경·공양하고 수지하는 사람들을 잘 옹호하겠다고 부처님에게 서원한다.

이처럼 사천왕은 이 경이 유포하는 나라를 지켜서 다른 나라의 원적까지 물리쳐 주겠다고 서원을 발했던 것이다. 사천왕의 이와 같은 서원을 듣고 난 부처님은 "사부대중(四部大衆)20)이 경전을 받아 항상 머리에 새기고 독송하면 사왕(四王)은 부지런히 보호하여 좋지 못한 일은 없애 주고 편안하게 해 주어야 한다."고 대답했다.

또한 「사천왕품」에서는 국왕이 행해야 할 호국의 구체적인 방법도 설명하고 있다. 만약에 어떤 국왕이 자기의 몸과 왕후·궁녀·왕자들과 궁전을 보호하려 하거나 그의 영토를 특별히 뛰어나게 하고자 하거나 또는 갖가지 복덕을 구족하려 하거나 원적의 침입을 막고 모든 근심과 고통을 없애고자 한다면 마땅히 다음과 같이 해야 한다고 사천왕은 말한다.

> 국왕이 그 마음을 방심하거나 산란하게 하지 말 것이며 마땅히 공경하고 겸손한 마음을 내어야 한다. 그리고 궁전을 장엄하게 할 것이며 …… 또한 겸손하고 교만을 버리고 정념으로 이 경을 청수(聽受)하고 설법자에게는 부처님과 같은 생각을 내고 궁내의 후비·왕자 등 모든 권속에게는 자애로운 마음을 내어 평화스러운 낯으로 말할 것이다.21)

신라의 지배층은 대부분 불교를 신봉했다. 신라의 삼국통일을 주도했던 지도자들은 어려운 상황이 닥쳐왔을 때 불교에 의해서 도움

---

20) 출가한 남녀 수행승인 비구와 비구니 및 출가하지 않은 남녀 신도인 우바새와 우바이를 가리키는 불교 교단의 기본 집단.
21) 『金光明經』 卷2, 「四天王品」 卷6.

을 받고 이를 해결하려고 노력하였음을 다음에서도 알 수 있다. 김유신(金庾信, 595~673)은 화랑 시절에 그의 낭도를 용화향도(龍華香徒)22)로 불렀고 안혜(安惠)·낭융(朗融)과 함께 원원사(遠源寺)를 창건하기도 했으며 군사적으로 심각한 위기에 직면하게 되면 불사로 달려가서 기도하여 감응을 얻는 일도 있었다. 661년 5월 고구려와 말갈족의 포위 공격으로 북한산성에 진을 치고 있던 신라 군사가 매우 위태롭게 되었다. 이때도 김유신은 기도로써 감응을 얻었다고 하는데 이에 관한 기록이 『삼국유사』의 「태종춘추공조(太宗春秋公條)」에 전한다.

당나라의 침략 소식을 접한 신라 조정에서 사천왕사를 건립하고 명랑에게 문두루비법으로 기도하게 했던 것도 같은 맥락에서 이해할 수 있을 것 같은데 '명랑이 밀법으로 기도해서 국난을 면하게 했다'거나 '당나라와 신라가 싸우기도 전에 풍랑이 크게 일어 배가 모두 침몰했다'거나 '여러 번 이웃나라가 쳐들어오는 것을 기도로써 물리쳤다'는 등의 기록은 명랑의 호국활동이나 사천왕사 창건이 대당투쟁에 끼친 영향이 적지 않았음을 의미한다. 국가적 위기 상황에 이것을 극복하기 위해서는 물리적인 힘만이 아니라 정신적인 힘이 동시에 요구되었기에 신앙의 힘으로 이를 극복하고 정신적 위안과 안정을 구하려 했던 것으로 여겨진다.

신라 전 국민의 단결과 협력의 배경에는 호국의 의지를 불교 신앙과 연결 지어서 더욱 굳게 다지려는 노력들이 있었다. 신라의 삼국통일을 이끌었던 주도 세력들은 위기 상황을 통일의 기회로 전환시킬

---

22) 용화는 미륵을 가리키고 향도는 부처님 앞에 향불 사르는 무리 즉 신도를 뜻하는 말이므로 '미륵님 받드는 무리(단체)' 즉 미륵신도였음을 알 수가 있다.

줄 알았고 그 전환을 위해서 불교의 사상이나 신앙에 의지하기도 하고 또한 적절히 활용하기도 했던 것 같다.

침략해 오는 당나라 군사를 격퇴하려는 호국의 염원으로 사천왕사를 창건했던 것은 그 대표적인 예라고 할 수 있으며 사천왕사 건립의 주된 원인은 당의 침입을 격퇴하기 위한 문두루비법의 시행에 있다. 어떠한 위난이나 액난을 당하게 되면 오방신을 만들어 문두루비법을 행한다는 것이 『관정경(灌頂經)』의 설명이고 보면, 당나라로부터 위급한 전란을 치르게 된 신라는 명랑을 우두머리로 하여 풀로써 오방신을 만들고 문두루비법을 작성하여 당군을 물리치게 됐다는 것은 『삼국유사』의 기록과 일치하는 사실이다.

이렇게 보면 명랑의 문두루비법은 잡밀(雜密)이라고 불렸지만 구국애민 하는 데 있어서는 조금도 손색이 없다. 다시 말하면 밀법(密法)이란 교설·논리·합리성이 없는 현실적 신비주의를 채용한 것이지만 체계적으로 정비되어 발전하면 현교적인 방향으로 갈 것이다.

인간은 복잡한 위기에 달하면 무한 능력이 발동한다. 이 무한 능력을 개발하는 데는 논리성과 합리적으로는 불가능한 것이다. 지성으로 이해하는 것이 아니라 감성에 함입시켜 감성이 극도의 묘심(妙心)을 발행하게 하는 것이 밀법적인 요소일 것이다. 그러므로 명랑은 신라가 직면한 초미의 위기, 즉 대당항쟁에서 국가의 존망, 민족의 멸망 여기에서 승자의 신인(神印)을 결계(結界)한 것이다.

모든 병사가 오방신의 모양을 생각하여 그 오방신을 하나하나 분명히 눈앞에 대하는 것처럼 하니 마치 사람이 거울을 보면 자기 몸매를 완전히 비추어 보는 것과 같이 되듯이 위난을 당하여 극복하려는 의지 앞에 항상 오방신이 앞에 현전하는 생각을 가지라고 한 것은 바로 오방신이 전쟁에 임하고 있는 모든 병사 앞에 현현하게 넌지시 뒤에서 도와주고 있는 것과 같은 것이다. 그러면 병사가 싸우는 것이 아니라 오방신이 직접 싸우는 것이 되는 것이다. 명랑이 원용한 심리요법은 당시 신라인에게 무한한 힘을 주었을 것이며 이론적 설명에 의하여 자증(自證)되지 않은 난삽함이 즉시에 이해되고 실질적 이익이 성취되었던 것이다.23)

2. 강석진의 호국불교 사상

(1) 1960∼1970년대 한국의 안보상황

우리의 국토와 민족이 해방과 동시에 분단되고 더구나 한반도 북반부를 호전적인 공산세력이 장악하고는 무력을 포함한 모든 수단과 방법을 통해 남반부까지의 공산화를 끈질기게 적극적으로 추구함으로써 한국의 안보는 건국 이후부터 현재까지 계속 위협을 받아 온 것은 사실이다.

해방 이후 공산세력의 남한 적화음모와 기도·책동은 끊임없이 계속되었고 3년간의 참혹한 6·25전쟁은 말할 것도 없고 휴전 이후에도 긴장 상태와 새로운 전쟁의 위협, 남북 간의 적대적 대치와 충돌이 그치지 않았다. 5·16군사쿠데타 이후 박정희 정권이 줄곧 내세운 국정의 지표는 반공(反共)과 경제성장이다. 박정희는 반공을 명분으로 정치적 반대세력을 억압했고 경제성장으로 국민의 지지를 이끌어

---

23) 목정배 지음, 『한국 불교학의 현대적 모색』, 동국대학교출판부, 2009, 75쪽.

내었다.

그런데 1970년대가 시작되면서 반공과 경제성장 양쪽에 위기가 닥치기 시작했다. 1960년대 말부터 동북아의 냉전구도에 근본적인 변화가 생기기 시작했다. 1960년대 중반부터 진행되기 시작한 중·소 간의 이념분쟁이 급기야 1969년에는 우수리 강(Ussuri River) 일대에서 대규모 무력 충돌로까지 비화했다. 또 한국전쟁에서 서로 총부리를 맞댔던 미국과 중국의 관계는 1972년 닉슨 미국 대통령의 중국 방문을 거쳐 마침내 국교수립으로까지 이어졌다. 미국과 소련 사이에도 1969년부터 전략무기 감축회담이 진행되어 세계는 냉전체제에서 데탕트(detente)체제[24]로 이행하기 시작했다.

닉슨 미국 대통령은 이른바 닉슨 독트린(Nixon Doctrine)이라는 새로운 외교방침을 발표했다. 그것은 분쟁지역에서의 미국의 과잉개입을 억제하고 동맹국에 자국의 방위부담을 전가하는 것 등을 주요 내용으로 하는 것이었다. 미국은 1970~1971년 주한미군 6만 명 중 2만 명을 철수하면서 한반도의 긴장 완화를 위한 남북대화를 강요하였다. 이런 속에서 1971년 9월 이산가족을 찾기 위한 남북적십자회담이 진행되었고 1972년에는 자주·평화·민족대단결을 내용으로 하는 7·4 공동성명이 발표되기도 하였다. 이러한 일련의 사태는 한국전쟁 이후 이 땅에서 무소불위의 힘을 과시하고 있던 반공이데올로기를 근저로부터 흔들었다.

1975년 4월 중순 크메르 루즈(Khmer Rouge) 군대가 프놈펜(Phnom Penh)을 함락시켰고, 4월 30일에는 베트남 정부가 공산군에 무조건

---

24) 프랑스어로 '완화'라는 뜻이며 국제관계 속에서 대립과 긴장이 완화되어 화해의 분위기가 조성되는 상태 또는 그것을 지향하는 정책.

항복했으며, 5월 초에는 라오스(Laos)에서 좌파가 실권을 장악해 인도차이나가 공산화되었다.

1975년은 과거 어느 때보다 국가안보가 위협받은 한 해였다. 인도차이나 사태에 고무된 김일성의 오판에 의한 군사도발 가능성이 가장 짙은 해였다. 북한은 남침 재개의 전초작업으로 휴전선 비무장지대에 지하땅굴을 구축했고 베트남전 종전 마지막 2주 동안 2개 기갑사단을 휴전선 근처에 배치한 것을 비롯해 각종 무기를 휴전선 부근으로 남진 배치했다. 또한 북한 내부적으로는 남침 개시일을 북한 노동당 창당 30주년 기념일인 10월 10일로 계획했다는 유력한 정보도 있었다.

세계지도를 펴 놓고 북극에서 인도차이나 반도에 이르는 아시아 대륙 전역을 볼 때 대한민국과 영국 · 포르투갈이 중국으로부터 시한부로 조차한 홍콩과 마카오를 제외하고는 전부 공산국가였다. 특히 당시에는 도미노이론(domino theory), 즉 베트남 · 캄보디아 패망으로 주변 국가들이 하나둘씩 공산화해 간다는 이론이 국제 정치상 유력한 학설로 되고 있어 우리 국민의 마음을 무겁게 하고 있을 때였다. 박 대통령은 국방문제에 영일(寧日)이 없었다. 거의 연일 국방당국과의 대책회의를 가졌고 방위산업 육성도 독려했다.[25]

그리하여 5월 13일자로 대통령 긴급조치 제9호가 선포됐다. '국가안전과 공공질서의 수호를 위해서'라고 목적을 명시한 긴급조치 제9호의 발동과 내용이 일반에게는 충격적일 수도 있겠으나 그것은 얼마만큼 예상할 수도 있었던 조치였다고 본다. 박 대통령도 긴급조치

---

25) 김정렴 지음, 『최빈국에서 선진국 문턱까지』, 랜덤하우스 코리아, 2006, 437쪽.

선포 담화에서 4·29담화를 상기시키고 "국민 총화를 공고히 다지고 국론을 통일하며 국민 모두가 일사불란하게 총력안보 태세를 갖춰 나가기 위해서"라고 그 경위를 밝히고 있다.

국난극복의 요제는 국론을 통일하고 공공질서를 수호함으로써 국민총화로 국력을 배양하여 국가의 모든 역량을 총동원할 수 있는 일사불란한 총력 안보태세를 갖추는 것이었다. 1975년 4월 17일 크메르가 공산 게릴라에 항복하고 4월 30일 베트남이 공산화가 된 원인은 미국의 원조공약 불이행에도 있지만 보다 중요한 원인은 국론통일을 이룩하지 못하고 소위 민주·자유 등을 내세워 국론을 분열시키고 사회의 공공질서를 문란케 함으로써 정권을 무력하게 만들어 전쟁수행능력을 상실케 한 데 원인이 있다고 평가했다.

박 대통령은 1975년 4월 29일의 특별담화에서 "국론이 분열되고 국내가 혼란에 빠져 있을 때에는 유사시에 힘을 갖고 있으면서도 있는 힘을 제대로 발휘할 수 없다."고 하면서 국론통일의 필요성을 밝혔다. 크메르와 베트남의 정부군이 병력이나 장비 분야에서 공산군보다 우세하면서도 패배한 이유는 국론이 분열되고 총화단결이 안 되었기 때문이라는 사실을 감안한다면 국론통일의 중요성을 더욱 절실하게 강조한 것은 당연한 일이었다고 본다.

그러므로 인도차이나 사태의 전철을 되풀이하지 않기 위하여 우리는 통일전선 전략이 먹혀 들어갈 수 없는 국론통일과 국민총화를 공고히 다짐으로써 북한의 남침 망상을 미연에 분쇄할 수 있는 의연한 자세를 과시하여야 한다. 그러기 위해서는 민주와 자유를 빙자하여 국가안보의 기틀인 헌법과 법질서를 파괴하고 유린하는 일절의 언행과 현실참여라는 미명하에 스스로의 사회적 신분마저 망각한 채 무

책임하게 자행하던 방종을 지양함으로써 불필요한 국력의 낭비와 국론분열 그리고 국민총화를 저해하는 일체의 행위에 종지부를 찍어야 한다고 규정했다.

박 대통령이 4월 29일 특별담화에서 강조한 것처럼 정치인, 언론인, 종교인, 교수, 학생, 농민, 상공인, 공무원, 근로자 등은 물론 가정주부까지도 모두가 이 나라를 지키는 전사라는 결의와 자부심을 가져야 하며 모든 사람이 자기가 해야 할 일을 똑똑히 인식하고 자기 책임을 성실히 이행하고 실천해야 한다고 강조했다.

오늘날의 전쟁은 군대만 싸우는 것이 아니라 국민 모두가 하나가 되어 싸워야 하며 또 전후방이 따로 있는 것이 아니다. 따라서 총력전에 대비하기 위해서는 군인뿐만 아니라 국민 각자가 모두 나라를 위해 싸우는 전사라는 생각을 갖고 내 고장 내 직장이 바로 전선이라는 정신으로 총력안보 태세를 다져야만 한다는 것이다.

또 이렇게 배양되고 조직화된 국력은 북한의 통일전선 전략을 분쇄할 뿐만 아니라 만일 북한이 오판에 의하여 남침을 감행할 경우 국가안보에 총동원되어 그들을 자멸케 하는 막강한 힘이 되는 것이다. 이것이 당시 국민총화이며 총력안보 태세였다. 따라서 더욱 분발하여 제각기 맡은 바 직분에서 충실하게 일함으로써 우리 자신의 생활을 향상시키고 나아가 국력배양을 가속화시키는 데 앞장서야 하겠다. 그리하여 총력안보 태세로 이 난국을 슬기롭게 극복하고 민족중흥의 기틀을 우리 후손에게 자랑스럽게 물려주자고 단호하게 명시한 것이다.26)

1975년 8월 26~27 양일간 개최된 제8차 한·미연례안보협의회의

---

26) 「멸공·구국을 위한 국민의 자세」, 『산림』, 1975년 5월호.

는 미국 측에서 슐레진저(Schlesinger) 국방장관이 직접 참가한 가운데 서울에서 열렸다. 미 국방장관이 연례안보협의회의에 직접 참가하기는 1971년 이후 처음이었다. 북한의 남침땅굴과 빈번한 도발행위 그리고 특히 베트남 패망 후 한반도의 위기가 최고조에 달했기 때문이다. 이 회의에서 양측 대표단은 인도차이나 사태 이후의 아시아·태평양 지역 정세 전반과 대한민국이 직면한 군사적 위협의 성격과 방위를 공동으로 분석·평가하고 이러한 협의에 대처할 한·미 연합군의 방위능력과 준비태세에 대하여 구체적으로 토의했다.

슐레진저 국방장관은 대한민국에 대한 무력 공격이 있을 경우 1954년의 상호방위조약에 따라 즉각적이고 효과적인 결의를 한국 측에 제공하겠다는 미국 정부의 대비와 결의를 한국 측에 보장하는 한편 대한민국의 방위산업 육성을 위한 양국 간의 공동협력을 증진하고 적절한 지원과 협조를 계속 제공하는 것을 보장하는 13개 조항의 공동성명을 채택하고 막을 내렸다.

긴급조치 9호가 시행됨으로써 한국 사회는 전시상태나 다름없는 비상체제로 진입하게 됐다. 반정부 활동을 언론이 보도하거나 전파하는 일까지 금지하고 위반자는 영장 없이 체포·구금할 수 있고 이 조치를 비방하는 행위 역시 1년 이상의 징역형에 10년 이상의 자격정지가 부과됐다. 긴급조치 9호는 박 대통령이 시해된 1979년 10월 26일까지 만 4년 6개월 동안 유신정권의 안전판 구실을 톡톡히 해냈다.

또 한편으로 자유·정의와 인간의 존엄성을 중히 여기며 잔악한 공산세력을 분쇄하고 공산 치하에서 신음하고 있는 피압박 민족을 해방시키기 위한 성스러운 사명을 수행하기 위하여 서로 힘을 합하고 노력을 모아 공산만행을 저지·규탄하는 세계적인 반공운동 체제의 확립을 위하여 한국이 국제적인 반공연맹의 창설을 제의하였다. 아시아민족반공연맹(APACL)과 세계반공연맹(WACL)은 모두 한국이 주도하여 창설한 국제기구였다. 그리고 이 두 기구 모두 상임 사무국을 한국의 자유센터에 두고 재정을 거의 한국 정부에 의존하고 있었다. 특히 세계반공연맹의 경우 한국 정부의 부담금의 비중이 매우 높았다.

아시아민족반공연맹에서는 북한 공산집단의 침략행위를 규탄, 공산점령하의 캄보디아와 베트남에서의 민주적 혁명을 지원하는 방안, 중동문제의 평화적 해결지지, 태평양 도서(島嶼)국가를 위협하고 있는 소련 공산세력의 침투 저지 방안 등이 매년 공통된 주요 안건으로 상정되었다. 세계반공연맹도 아시아민족반공연맹과 마찬가지로 1967년 한국의 주도로 창설되었다. 이후 매년 그 회원국 수를 늘려 나가 1986년에는 총 68개국에서 74개의 정회원 단체가 가입하였으며 6개 피압박민족대표 및 11개의 국제기구가 가입하였다.

박정희 집권기에 이처럼 다른 국가들의 형식적인 참여에도 불구하고 주도적으로 세계반공연맹과 아시아민족반공연맹을 창설하고 꾸준히 참석한 이유는 다음의 세 가지로 생각해 볼 수 있다.

첫 번째 이유는 남북한 대결구도에서 이러한 국제적인 반공기구를 통하여 북한 및 공산국가들의 침략과 만행 등을 폭로하면서 자유세계 국가들은 물론 제3세계 국가들의 지지를 얻으려는 것이었다. 비록 지지를 얻지는 못하더라도 북한에 대한 지지는 막아 보겠다는 것이 박정희 정권의 의도였을 것이다.

두 번째 이유는 국제반공기구를 통하여 국제적인 반공인사들과 접촉해서 선진적인 반공이론을 도입하는 것이었다. 공산주의에 대한 자료의 접근에서 한국보다 월등했던 미국이나 유럽 학자들의 연구 성과가 상당히 많았다. 그래서 한국반공연맹에서 발간되는 단행본이나 학술지의 논문 중 절반 정도는 이런 외국 저명학자들의 연구성과를 번역한 것이었다. 이런 상황에서 서구에서의 반공이론의 도입은 국민통제 수단으로 반공을 이용하던 한국의 상황에서는 꼭 필요한 것이었다.

마지막 이유는 아시아 지역 특히 동북아를 비롯한 한국에서의 미군철수를 막고자 한 것이었다. 미국은 1960년대 말부터 베트남 전쟁으로 인한 국내외의 여론 압박에 밀려 아시아 지역에서 미군을 단계적으로 철수하려는 움직임을 보였다. 그리고 1970년에는 '닉슨 독트린'에 의해 아시아에 주둔한 미군을 철수시키기 시작하였다. 이러한 움직임은 북한과의 전쟁위험에 항시 노출되어 한국 정부에 불안감을 주었다. 그래서 박정희 정권은 한국의 영향력이 강하게 미칠 수 있는 국제기구인 아시아민족반공연맹이나 세계반공연맹에서 아시아 지역 미군철수 반대에 대한 결의안을 내면서 미군의 아시아 지역 주둔에 대한 당위성을 강조하여 미군의 철수를 막으려고 하였다.[27]

(2) 강석진의 안보의식과 호국불교

1960~1970년대 한국 사회의 현실은 지금과는 판이하게 달랐다. 한국전쟁의 여파가 채 가시지 않았던 당시의 상황에서 대다수의 국민들은 민족사상 유례없는 동족상잔과 국토분단의 책임이 북한 공산주의 집단과 김일성에게 있다고 생각했다. 당시 사회분위기는 멸공통일이라는 구호에서 볼 수 있듯이 북한 공산주의자들에 대한 적개심

---

27) 류상수, 「박정희 정권의 반공정책: 한국반공연맹의 결성배경과 주요활동을 중심으로」, 한성대학교 석사학위논문, 2008, 48~49쪽.

과 통일에 대한 열망으로 가득 차 있었다.

우리나라는 1945년 8월 15일 태평양 연합 사령관 더글라스 맥아더 (Douglas MacArthur, 1880~1964) 장군이 일반명령 제1호를 발표하여 일본군 무장해제를 위한 분할점령으로 남북이 분단되었다. 그 이후 6·25 전쟁이 일어났고 오늘날까지 한반도에 전쟁을 걱정해 보지 않은 국민은 없다. 우리 국민의 머리에는 첫째도 안보요 둘째도 안보라는 신념이 저절로 생겨났고 민족상잔의 비극과 1천만 이산가족을 가지고 있는 우리 민족에게 북한의 남침에 대비하는 군사적 시설과 방위시설은 제1의 투자 대상이 되었다.

1960년대는 1차 경제개발계획 실천과 더불어 사회적으로 큰 혼란이 있었다. 3·15부정선거로 4·19혁명이 발발하여 이승만 정권이 무너지고 5·16혁명과 베트남전 파병 등 국내외적으로 복잡한 시기였다. 북한은 남침의 기회를 노려 무장간첩을 남파하여 사회를 더욱 혼란스럽게 하였고 죄 없는 주민들을 학살하여 국민들의 불안은 더욱 가중되었다.

31명의 북한 무장공비들이 대한민국 대통령 관저인 청와대를 기습하려 했던 1968년 1·21사태, 미해군 정보수집함 푸에블로(Pueblo)호가 승무원 83명을 태운 채 동해의 공해상에서 4척의 북한 초계정과 미그기(MIG機) 2대의 위협을 받아 원산항으로 끌려가 함정이 공해상에서 납치되는 미해군 사상 초유의 일이 벌어져서 일촉즉발의 전투가 개시되려는 순간들도 한두 번이 아니었다. 한편 국제사회는 민주진영과 공산진영의 대결로 압축 대립하였고 공산세력의 팽창을 막아내고 분쇄하는 것이 시대적 상황이었다.

동명 강석진은 일제의 수탈과 차별정책으로 신음하던 참혹한 민족수난의 시기에 사회적으로 기회를 보장받지 못한 불우한 계층의 자녀로 태어나 성장하였다. 광복 이후에는 한국전쟁이라는 민족적 시련을 몸소 겪으며 살아온 세대이다. 그러한 고난을 이기고 한국의 대재벌로 입신한 강석진의 사상적 배경에는 민족의 자립과 통일이라는 대전제가 있는 것이다.

강석진의 사회사업 활동의 주된 내용은 바로 이러한 시대적 사회문제와 부합하는 것이었다. 주로 '팔각회'와 안보관계의 활동이 압도적으로 많았다는 사실로 미루어 볼 때 당시 사회의 절대적인 사회적 욕구와 일치하는 것을 알 수 있다. 이러한 일련의 사건들을 본 그는 돈을 벌어 국방성금을 보내 북한 남침을 막고 국민들에게 안보의식을 갖게 하는 것이 제일 중요한 일이라고 생각하였다.

강석진은 1964년 5월 12일 제1회 상공인의 날 기념사에서 다음과 같이 치사하였다.

> 본인은 제1회 상공의 날을 계기로 우리들 상공인을 중심으로 하여 사회도의 향상을 재환기시킬 뿐 아니라 상도의 앙양을 위한 정찰제 실시 등을 강화하여 일반 국민 대중에게 명랑한 상거래가 되기를 강조하는 바입니다. 또한 수출산업을 진흥하여 외화를 획득하고 국내우량 생필품의 염가생산으로 국가경제의 안정과 자립경제의 확립을 기하여 남북통일 성취의 토대를 구축해야 할 것으로 생각하는 바입니다.

그는 기업가로서 마땅히 거론하여야 할 정찰제 실시, 경제안정, 자립경제 확립을 이루자는 주장으로만 그치지 않고 기업인들의 경제활동을 통해 남북통일의 토대를 구축해야 한다는 단서를 전제로 하였다. 이것은 그의 역사적 신념이 민족의 통일에 있다는 것으로 그의 국가관을 보여 주는 것이다.

또 1968년 5월 12일 제5회 상공인의 날 기념사에서도 "한편 국제정세는 민주와 공산 양 진영 대립상극의 초점이었던 베트남전쟁은 바야흐로 화전양면의 양상이 노정되어 그 귀추를 속단키 어려운 이때에 이 나라 상공인으로서 또 한 번 새로운 각오와 결의가 촉구된다고 강조한다. 특히 오늘 제5회 상공인의 날을 맞이하여 우리들 상공인은 스스로 맡은 사업의 발전을 기약하고 올바른 자세와 마음을 가다듬어 국가경제 발전과 지역사회 복리증진에 가일층 노력할 것을 다짐한다."는 연설을 하였다.

1975년 4월 12일 제13회 전국주산대회 대회사 연설에서도 그의 안보의식을 엿볼 수 있다.

> 지금 우리나라는 80년대 초 수출 1백억 달러, 국민소득 1천 달러 달성의 목표를 설정하고 전 국민이 총화단결 하여 피나는 노력을 다하고 있습니다. 이를 달성하기 위해서는 안으로 안보를 굳건히 다지는 한편 밖으로는 수출경쟁력을 높여 국력을 배양하는 길밖에 없습니다. 빈번한 북한의 도발행위는 한반도의 평화를 위협하고 있으며 석유파동으로 인한 세계경제의 지속적인 불황은 우리의 경제성장에 큰 압박을 가하고 있습니다. 따라서 우리들은 어느 때보다 총화단결로 안보와 국력신장에 앞장서고 각자 맡은 바 사명을 충실히 이행하여야겠습니다.

위에서 살펴본 그의 연설문은 정부와 국민·군 모두가 다 같이 힘을 합쳐 용감하게 전진하여 우리에게 주어진 직무완수에 신명을 바쳐 북한 공산당을 분쇄하는 데 앞장서야 된다고 하면서 우리의 힘과 능력 없이는 적을 무너뜨릴 수 없고 사랑하는 내 조국 내 고장을 지킬 수 없으므로 서로 믿고 서로 도우며 전 국민이 한 덩어리가 되어 국론통일을 찾는 데 매진하자고 강조했다.

강석진은 1975년 5월 7일 부산상공회의소에서 개최된 안보궐기대회에 참석한 800여 명의 부산 상공인들과 팔각회 회원들 앞에서 '죽기를 각오하고 싸우면 반드시 살 것이고 살려고 회피하면 반드시 죽을 것이다(必死則生 必生則死).'의 정신을 확고히 하여 북한의 재침야욕으로부터 내 조국을 수호하는 데 신명을 바칠 것을 각오하고 국가안보에 앞장설 것을 다짐하면서 방위성금 5,000만 원을 기탁했고 이에 동조한 시내 각 기업체와 시민으로부터 306,367,929원의 방위성금이 기탁되었다.

1977년 8월 10일 상오 8시 동명그룹 전 임직원들을 새마을 강당에 소집한 그는 "본인이 지금까지 인생 경험을 통해 느낀 바를 여러분에게 얘기해 줌으로써 마음가짐을 새롭게 하기 위해 이 같은 자리를 마련했다."고 하면서 긴급소집 이유를 말했다. 자신의 평소 신념은 첫째는 국가안보, 둘째는 윤리도덕의 재정립, 셋째는 사회규범의 유지발전, 넷째는 문화의 향상, 다섯째는 경제발전이라고 하면서 자기신념 중 첫째 항목인 국가안보를 제일 크게 생각한다고 말했다. 북한 공산당들은 호시탐탐 무력으로 우리나라를 노리고 있고 국제정세는 우리에게 불리하게 변하고 있는 이때 자주국방 태세를 더욱 굳게 갖추어야 하며 일제 치하에서 국가 없는 민족의 설움을 뼈저리게 겪었음을 상기시켰다.

그는 또 "경제적 뒷받침이 없이는 가정이나 사회·국가안보도 유지할 수 없는 것"이라고 말하고 "본인은 경제인으로서 산업전사인 여러분의 노고를 덜어 주기 위해 노력해 왔고 이 나라 안보를 항상 염두에 두고 힘을 쏟아 왔다."고 힘주어 말했다. 그는 회사 내에 향토예비군의 운영을 위해 당시 현역군인을 초빙하여 예비군 연대를 창설하고 전국 모범 직장 예비군을 만들어 싸우면서 일하는 산업전사의 사명감을 심어 주기도 하였다.

1975년은 급변하는 내외 정세로 우리나라는 새로운 생활테두리를 맞은 것이다. 국가안보가 시한부이거나 단기성을 띤 과도적 성격이 아닌 함축을 지닌 것이라는 데서 냉정히 이를 음미하고 소화시키는 것이 당면의 긴급한 과제가 됐다. 국민들은 국가안보라는 큰 테두리를 보전하기 위해 작은 테두리의 생활 질서를 이에 종속시키지 않으면 안 되게 된 것이다.

당시 강석진의 연설문을 살펴보면 국가안보에 중심축을 두고 있는 것은 사실이지만 이보다는 우리들이 생활하고 있는 가운데 각자 맡은 바 책임을 다하면서 안보의식을 갖도록 하자는 데 더 큰 목적이 있었다고 본다. 즉 거창하게 부르는 안보보다는 기업인으로서 국민들의 복리증진을 도모하며 정이 흐르는 살기 좋은 사회를 만들어 가는 것이 그의 안보사상이었다. 즉 강석진은 '생활 속의 안보'를 강조했던 것이다.

3. 강석진의 호국불교 활동

(1) 팔각회(八角會)의 창립과 활동

판문점(板門店)은 오랫동안 남북한 분단의 상징이었다. 6 · 25전쟁 전에는 한촌이었으나 1951년 10월 25일 이곳에서 휴전회담이 열리면서 국내외의 주목을 받기 시작했다. 휴전회담은 1951년 7월 개성에서 본회담을 시작했지만 중립지대로 결정된 회담장소가 양측의 공방전으로 위협을 받게 되자 그해 9월 6일 판문점으로 장소를 옮겼다. 1953년 7월 27일 이곳에서 북한·중국과 국제연합(UN)군 간에 한국휴전협정이 조인됨으로써 6·25전쟁은 휴전상태로 끝을 맺게 되었다. 그때부터 이곳은 UN과 북한 측의 '공동경비구역(共同警備區域, Joint Security Area)'28)으로 정해졌다. 그해 8월부터 9월 초까지의 포로교환도 이곳에서 이루어졌다.

판문점의 공동경비구역은 전후좌우 경계 간의 직선거리가 800m에 불과하나 이곳에는 군사정전위원회 본회의장을 비롯해 UN 측의 '평화의 집'과 북측의 '통일각' 등 24개의 건물이 들어서 있다. '자유의 집' 2층에는 1971년 9월 열린 남북적십자회담의 합의에 따라 대한적십자사 연락사무소가 설치되어 있다. 이 사무소에는 북한과의 직통전화가 가설되어 있으며 2명이 상주하고 있다. 또한 서쪽에는 민족분단의 상징인 '돌아오지 않는 다리'가 놓여 있다. 판문점은 1953년 휴전협정이 맺어진 후 1967년의 '이수근위장귀순사건'과 1976년의 '판문점 도끼만행사건' 등 1980년대 중반까지만 해도 긴장감이 감돌았다.

그러나 1970년대 들어 세계적인 긴장완화 추세로 한반도에도 대화의 분위기가 무르익어 판문점은 남북 간의 접촉 및 회담의 장소로 자주 등장했다. 특히 1971년 8월 남북적십자 예비회담, 1972년 7월 7·4 남북공동성명이 이곳에서 열렸다. 이때부터 판문점 내의 중립국감시위원회 회의실은 실무접촉과 예비회담 장소로 북측 지역의 판문각과

---

28) 박찬욱 감독의 〈공동경비구역 JSA〉란 영화가 2000년에 상영되었다. 한국 사회 전체에서 금기시되던 분단이라는 소재에 카메라를 들이대고 그 속에서 희극과 비극의 정서를 제대로 뽑은 영화로 송강호, 이영애, 이병헌 등이 출현했다.

판문점

UN군 측의 자유의 집은 본회담 장소로 활용되어 왔다.

이와 같은 시대에 안보의식과 반공이념, 조국통일은 강석진의 언행에서 언제나 거론되는 중요한 관심사였다. 이러한 그의 신념은 자주안보·반공·평화통일의 의지를 바탕으로 그가 주도하여 전국적인 규모로 조직한 '팔각회'의 정신에서도 표현되고 있다. 팔각회 창립은 전쟁의 위기감이 감도는 국내 사정을 반영한 부산과 경남 지역의 인사들로 구성된 판문점 시찰단에 의해서 이루어졌다. 시찰단 구성은 대부분 부산과 경남의 경제·사회·문화 등 여러 지도층 인사로 구성되었다.

1966년 3월 1일 판문점 시찰단은 자유의 집 팔각정에서 북녘의 송악산을 바라보면서 자신들이 향유하고 있는 자유와 평화가 얼마나 소중한 것인가를 새삼스럽게 깨닫고 있었다. 덧붙여 잃어버린 북한 땅을 승공(勝共)의 방법으로 되찾을 굳은 결심도 하면서 6·25전쟁 이후 멀리 사라졌던 전시의식이 되살아나 그들은 전우인 양 친밀해지면서 공동의 운명체임을 직감하였던 것이다.

그들의 판문점 시찰단은 짧은 시간이었으나 너무나 인상적인 지역에서 공감하는 바가 컸기 때문에 그대로 흩어져 버릴 수 없었던 것이다. 이럴 때 누구나 할 것 없이 "친목회를 갖자. 그래서 한 달에 한 번이라도 모이고 만나자. 그리고 한 달에 한 번씩 보고 느낀 것을 국민에게 전달하자."라는 똑같은 생각을 하였다. 이러한 느낌이 누군가에 의해 표현되었을 때 그 자리에 있던 모든 사람들이 이에 찬성했고 즉석에서 준비위원을 선출하여 4월 17일 창립총회를 가질 것을 전제로 모든 준비를 위촉하였다.

　창립 초기의 분위기는 살벌했던 남북 간의 분단 상황과 경제개발이 시작된 직후의 분위기와 일제의 잔재청산과 한일 외교문제 등 정치적 격동기라는 상황에 자극을 입었음은 말할 나위가 없을 것이다. 허리

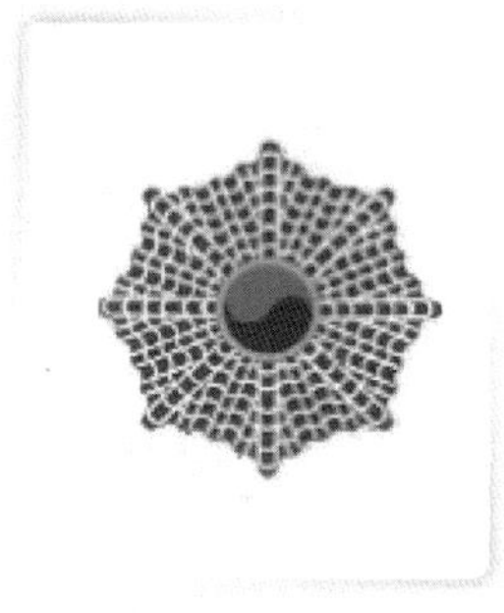

팔각회 휘장

잘린 한반도의 아픔 속에서 민족적 정체성과 독자성을 확립하고 초창기 자본주의의 모순으로 빈부격차가 발생하기 시작하는 시점에서 국민적 고난을 극복하기 위한 시민사회의 자생적인 움직이었다. 팔각회 창립의 목적과 신조·강령을 살펴보면 다음과 같다.

목적
본회는 자유수호와 세계평화를 위하여 분단된 조국통일을 평화적으로 성취하는 데 그 기반을 조성하고 복지사회 건설에 선도적 역할을 함을 그 목적으로 한다.

신조
우리는 평화통일의 깃발이 된다.
우리는 자유수호의 횃불이 된다.
우리는 사회봉사의 거름이 된다.

강령
우리는 자유평화를 사랑하고 평화통일의 길로 전진한다.
우리는 직업의 긍지를 가지고 근면성실하며 타의 모범이 된다.
우리는 상호존경과 신뢰로 상부상조하며 우의를 돈독히 한다.
우리는 시기와 분파를 지양하고 선량한 시민으로 대동단결한다.
우리는 경제, 문화, 사회 각 분야에서 최선을 다하여 국가 발전에 공헌한다.

　팔각회 초대 총재로 피선된 강석진은 분단된 조국의 비애에 한을 품고 구국정신에 불타고 있었고 신명을 바쳐 국가안보에 최선을 다할 것을 다짐하였다. 이로써 그는 총재직을 18년간 재임하면서 이 고장의 숨은 일꾼을 발굴하여 국가안보 의식을 고취시켰다. 반공 유자녀 및 대학생 50명에게 연간 2천만 원의 장학금을 계속 지급했고 또 조국을 위해 목숨을 바친 유족들을 위로·격려하였다.

　팔각회는 해안 경비초소와 자매결연을 맺고 독도 국기게양대 설치와 소형 쾌속정, 고성능 망원경 등을 기증하여 국가안보에 힘쓰는 장병들의 사기를 북돋아 주었다. 자유를 찾아 귀순한 사람들에게는 생활비를 보조해 주었고 반공계몽 강연회를 개최하여 팔각회 회원은 물론 시민들의 반공의식 고취에도 큰 성과를 올렸다. 하기(夏期) 승공학원을 개설하여 각 시·군·구에서 지도자 34명을 배출하고 지도자의 자질 향상과 승공 결의를 가슴속 깊이 다짐하게 하였다.

　또 강석진은 팔각회 창립 10주년 기념사업으로 팔각상 시상 준비위원회를 가졌다. 이 팔각상은 인류의 이상인 자유평화를 다지고 민족의 염원인 평화통일을 달성하기 위한 노력의 일환이라고 하면서 그 의의를 밝히고 있다. 그는 팔각상 제정 목적을 부산 시민과 경남도민 중 지역사회를 위하여 헌신적으로 봉사하고 창의와 성실로써 총력안보, 국민총화, 민족중흥에 기여한 숨은 공로자를 찾아내어 이들의 노고를 치하하며 포상하는 것이라고 밝혔다.

팔각회 시상식에서의 강석진

　제1회 시상식은 부산과 경남으로 구분하여 각 지역에서 이틀에 걸쳐 성대히 가졌다. 그는 이 자리에서 팔각상 시상에 따른 목적과 노고를 치하하면서 조국이 처한 상황과 현실을 직시하여 직분을 다하면서 국가안보와 국민총화에 더욱 힘써 달라고 당부하였다.

　특히 제3회 팔각상 시상식에는 외국 국빈으로 아시아반공연맹 중화민국 고문 일행이 참석한 가운데 거행되었다. 이때 그는 "팔각회 회원들은 일치단결하여 나라와 겨레를 위한 봉사자의 등불이 되어 줄 것"을 당부했고 중화민국 사절단 단장의 격려사도 있었다. 이러한 팔각상은 해마다 계속되어 오늘날까지 수여하고 있고 조국통일이 될 때까지 계속되도록 하였다.

　강석진은 『팔각 18년사』 발간에 즈음하여 팔각회의 취지와 자기의 소신을 말했는데 그 내용은 다음과 같다.

오늘날도 다를 바 없습니다만 당시 우리의 처지가 무엇보다 굳건한 안보의식
이 절실히 요청될 때 동강 난 조국강토의 중허리를 동여맨 휴전선상의 판문
점을 둘러보고 이 나라 국민의 도리로 안연히 있을 수만은 도저히 없어 평화
통일, 자유평화, 사회봉사라는 삼대 이념을 표방하고 작으나마 통일조국의 성
업에 일익을 맡겠다는 의지들의 결연한 자세가 총화되어 이루어진 것이 우리
나라 유일무이한 대한민국 팔각회로서 이는 통일의 그날까지 길이 청사에 빛
날 우리 고장 부산과 경남의 자랑이 아닐 수 없습니다.

그는 창립 이래 거듭되는 발전에 따른 기구 개편으로 총재직의 신
설과 함께 초대총재로 피선되어 1980년 8월 3일 명예총재로 일선에
서 물러나기까지 13대에 걸쳐 18년간 자리를 지켜 오는 동안 처음에
는 불과 기십 명으로 발족했던 분회 회원 수가 2,200여 명이 넘는 애
국 동지의 단결된 조직체로 발전하였고 회원들의 적극적인 참여와
헌신적인 봉사활동으로 팔각회의 창립 이념이 하나하나 구현되어 나
가게 되었다.

박정희 집권기에는 다른 국가들의 형식적인 참여에도 불구하고 주
도적으로 세계반공연맹과 아시아민족반공연맹을 창설하고 꾸준히
활동하고 있었다. 이와 같은 상황에 맞춰 강석진도 국제적으로 자유
진영 국가와 상호교류 등의 사업을 전개하여 국제 유대 강화에도 심
혈을 쏟아 자유평화의 이념을 국제사회에까지 펼쳤다. 1966년 세계
49개국 반공 지도자인 호주 상원의원 마리아 보레(Maria Borre) 여사
외 118명을 맞아 환영 만찬회를 베풀고 팔각회 명예회원으로 추대하
여 자유우방과의 유대를 강화하였다. 12월 4일부터 15일간에 걸쳐 동
남아 반공기구 시찰단 35명을 중화민국을 비롯하여 동남아 5개 반공
국가에 파견하였는데 그 일행은 중화민국에서 옌자간(嚴家淦) 부총

통을 예방하고 다과회에도 참석하였다. 또 한중경제합작협회와 중국 상공진흥회가 주최하는 환영회에서 구정강(谷正綱) 아시아반공연맹 타이완총회 이사장의 융숭한 환송대우를 받으면서 국제 반공 유대 강화에도 크게 기여하였다.

강석진은 1968년 제2차 동남아 반공기구 시찰단 30명을 파견하여 20일간에 걸쳐 자유우방 6개국을 순방케 하고 특히 베트남의 한국군 장병을 위문·격려토록 하여 장병들의 사기를 높였다. 또 세계 반공 투사인 윌리엄 S 맥버니(William S. Mcburney) 박사를 맞아 반공강연 회 및 만찬회를 성황리에 가졌고 1969년 5월 24일 주한 미국 대사를 통하여 감사장을 받기도 하였다. 1978년 1월 10일 중화민국 한중경제 합작협회 한국방문단 일행 6명을 초청하여 UN묘지 참배, 부산시청과

한중경제합작협회 방문

경남지사 예방, 울산공단 시찰 후에는 강석진 총재와의 대담으로 양국 이해증진에도 크게 기여했다.

그리하여 그는 1974년 2월 자유애호 국가들과 펼친 민간외교의 보람으로 중화민국에서 그 열매가 맺어 중화학술원(中華學術院) 원무회의 의결을 거쳐 수여하는 명예철학박사 학위를 수여받고 '동양의 거성 목덕지광(木德之光)으로 추앙한다'는 글을 받았다.

그가 명예박사학위를 받게 된 계기는 평소 반공정신이 투철하며 15차례에 걸친 동남아 반공국가회의에 참석하여 반공이념을 고취시키고 반공국가 간의 친선 도모와 유대 강화를 위하여 노력했기 때문이며 평소 반공단체인 팔각회 총재로서 국민들에게 승공계도와 반공활동을 통해 한중 양국의 친선 유대 강화에 공이 컸기 때문이라는 것이다.

강석진은 학위를 받는 영광스러운 자리에서 "전통에 빛나는 중화학술원에서 박사학위를 받게 된 것을 저의 생애 최고의 영광으로 생각한다."고 자신의 소감을 밝혔다. 명예 철학박사 학위를 취득한 후 그 식상에서 강석진의 치사가 있었는데 그 내용은 다음과 같다.

존경하는 내외 귀빈 여러분! 그리고 교수 및 동창 여러분! 오늘의 국제정세는 그 어느 때와 다름없이 고도의 긴장이 거듭되고 있습니다. 특히 아시아에 있어서의 한중 양국은 서로가 공통된 위치에 놓여 있으며 다변화되는 국제정세 속에서 고된 시련을 겪고 있는 것을 여러분께서는 본인 이상으로 잘 알고 계시리라 믿습니다. 따라서 이러한 환경 속에 놓여 있는 우리 양국은 우방국 중의 우방이므로 어려울 때일수록 더욱 우의를 돈독히 하여 한중 양국의 숙원인 조국통일을 하루속히 달성할 수 있도록 상호 협조하여 최선을 다할 것을 강조하는 바입니다.

20일간의 일정을 마치고 귀국한 강석진은 학위를 받은 소감을 묻는 자리에서 "이 박사학위는 나 개인에 대해서보다 오히려 부산시민 나아가선 부산 상공인과 팔각인을 대표해서 받은 것이며 특히 승공이념에 투철한 부산시민과 전 국민의 덕택으로 받은 것"이라고 소감을 말했다. 또 "민간외교 성과가 정치외교 못지않게 중요함을 느낀다."고 하면서 더욱 국가와 지역사회 봉사활동을 위해 노력할 것이라는 굳은 의지를 나타내기도 하였다. 이렇게 그는 각국의 반공기구 단체와도 긴밀한 유대를 강화하여 왔기 때문에 외국에선 훌륭한 반공지도자로 널리 알려져 있었다.

동명 강석진은 1967년 판문점 시찰로 반공의식을 더 높이기 위해서 부산과 경남지역의 각계 지도층 인사들로 구성된 대한민국 팔각회 총재로서 많은 업적을 쌓았다. 이와 같이 '안보는 나의 명제'라는 철학 아래 기업을 운영했고 국방을 튼튼히 하여 국민들이 안심하고 살 수 있도록 하기 위하여 열심히 돈을 번다는 생각을 가지고 있었다. 1960년대와 1970년대 개인 단일 기업으로 최고의 수출을 하는 영예를 안았고 1968년 12월 개인 기업가로서 가장 많은 세금을 내어 납세왕이 되었다. 이 점들은 경제를 국력과 동일시한 그의 신념을 직접 반영한 것이지만 이 외에도 기업이윤의 사회환원이라는 차원에서 안보를 위한 수천만 원의 희사도 결코 마다하지 않았다.

수년간 국가·사회를 위해 기부한 금액은 수백억 원에 달하며 이에 수반된 정신은 그 금액 이상의 의미를 지닌다. 기업가의 이윤을 사회에 환원하여 국민복지 시설에 투자하는 것은 당연시될 수 있으나 한국의 특수사정에 비춰 국토 방위성금과 현금으로 막대한 기여를 한 점은 결코 그냥 지나쳐서는 안 될 것이다. 돌이켜 생각해 보면

2009년 일인당 국민소득이 2만 달러에 이르는 경제성장을 이룩한 것
도 안보를 근저로 해서만 가능했음을 염두에 둘 때 안보를 자신의 첫
째 명제로 내세운 강석진의 예지와 이에 따른 헌신은 높이 평가해야
할 것이다.

(2) 금련사와 호국사 불사건립 지원

강석진은 경영에만 능한 기업가로서의 면모보다 오히려 기업의 이
익을 사회에 환원하는 독지가로서의 태도가 유난히 돋보이는 기업인
이었다. 그는 특히 조국의 분단현실을 가슴 아파했다. 그는 언제나 기
업 활동의 목적을 국가경제의 안정이라든가 자립경제 확립, 남북통일
성취와 같은 당면한 사회적 요구를 수용하는 데 두었다. 그가 여타의
다른 기업가들과 다른 점은 이와 같은 투철한 국가관에 있었다. 그의
국가관은 개인이나 기업의 권리보다 국가의 필요와 당위를 먼저 생
각하는 것이 특징이다.

더구나 일제의 참혹한 수탈을 겪으며 자란 그는 몰락한 선대의 묵
시적 교훈과 함께 민족의 자주적이며 동질적인 국가를 희구하는 합
목적적 의식을 키워 나갔던 것이다. 따라서 그의 인식에는 민족의 전
통적인 가부장적 질서의식과 대치되는 계급 투쟁적 논리인 공산주의
를 용납할 수 없었던 것이다. 강석진의 유별난 반공정신은 시대적 과
도기를 살아온 우리 민족이 잠재적으로 가지고 있는 전통적 동질성
에 대한 신념이라고 볼 수 있다. 그의 나라사랑과 국가적 신념은 우
리 민족의 전통적 불교사상인 호국불교 사상에 기인하는 것이기도
하였다.

독실한 불교도로서 기독교의 명절인 성탄절은 공휴일이나 불교도의 명절인 '부처님 오신 날'은 그렇지 못한 데 대해 아쉬움을 느끼고 '부처님 오신 날' 공휴일 제정운동을 벌여 '100만 시민 서명운동'을 전개하였다. 그의 활약에 힘입어 마침내 '부처님 오신 날'을 공휴일로 지정하였다. 게다가 경축 통일기원 대법회 준비위원회가 결성되자 강석진이 대회장을 역임하였다.

'부처님 오신 날' 공휴일 제정을 경축하는 남북통일기원 대법회를 성대하게 개최하면서 신라 최초의 불교 순교자 이차돈 연극 공연을 1975년 2월 26~27일 양일간 부산시민회관 대강당에서 상영하도록 하였다. '부처님 오신 날' 공휴일 제정을 경축하기 위한 이차돈 공연은 그의 순교정신을 본받아 민족통일을 이루었던 신라의 화랑정신과 이후의 호국불교 정신을 기리자는 것이었다.

이차돈(異次頓, 501~527)은 불교의 승려이자 신라의 법흥왕의 근신(近臣)이다. 이차돈은 일찍부터 불교를 신봉했으며 벼슬이 내사사인(內史舍人)에 올랐다. 아도화상(阿道和尙)이 신라에 처음으로 불교를 전파하려 할 때 모든 신하가 이를 반대하였다. 당시 법흥왕은 불교를 국교로 하고자 했으나 재래의 무교(巫敎)에 섞은 귀족의 반대로 뜻을 이루지 못하고 있었다. 그러나 오직 이차돈만이 불교의 공인을 적극 주장하여 당시 불교에 관심이 있는 법흥왕으로부터 절 짓는 일을 허락받았다. 그런데 절을 짓기 시작한 그해부터 가뭄과 장마가 겹쳤으며 질병이 돌기 시작하여 많은 백성이 죽었다. 그러자 불교를 반대하던 신하들이 이차돈 때문이라고 왕을 충동하여 처형하게 하였다.

이때 이차돈은 혼자 불교의 공인을 주장하다가 순교를 자청하여 마침내 주살되었다. 그는 죽을 때 "부처가 있다면 내가 죽은 뒤 반드

이차돈 순교비

시 이적(異蹟)이 있을 것이다.”라고 예언하였는데 그의 목을 자르니 피가 흰 젖빛으로 변하여 솟구쳤고 하늘이 컴컴해지더니 꽃비가 내리는 기적이 일어났다. 이에 모두 놀라고 감동하여 528년 드디어 불교를 공인하기에 이르렀다.

이차돈의 순교 이후에 나타난 이적은 이것만이 아니다. 잘린 머리가 날아가 경주의 북쪽 산에 떨어져 거기에 무덤을 만들고 비를 세웠다고 한다. 두고두고 사람들이 이 순교의 거룩함을 기렸으니 기리는 일이 쌓여 갈수록 신라의 불교는 꽃피워 갔고 꽃피는 불교에 따라 신라 또한 큰 나라로 발전해 나갔다. 신라 불교가 뿌리내리는 데에 치른 값진 희생의 전통, 그것은 곧 이차돈의 순교였다.

따라서 이차돈의 순교와 관련된 설화는 불교가 융성한 뒤에 꾸며진 신비한 내용이지만 불교수용을 전후한 시기의 왕실과 귀족세력 간의 갈등을 반영하고 있다. 이차돈이 순교한 뒤 왕실의 내인들이 명복을 빌기 위해 자추사(刺楸寺)를 지었는데 집집마다 이 절에서 치성을 드리면 반드시 대대로 영화를 얻고 여러 사람이 도를 행하여 불교의 이치를 깨닫게 되었다고 한다. 헌덕왕 10년(817)에 그의 순교 장면과 함께 사적을 새긴 육각석당이 경주 백률사(柏栗寺)에 세워졌다. 이 석당은 현재 국립경주박물관에 소장되어 있다.

영화 <이차돈(1962)>

‘부처님 오신 날’ 공휴일 제정을 경축하면서 동시에 남북통일을 기원하는 대법회에서 강석진은 본 법회의 의의를 다음과 같이 피력하였다.

조국의 과거를 되살펴보면 여러분도 잘 아시다시피 국가와 민족의 재난이 있을 때마다 우리들 불자는 부처님의 정신 밑에 한데 뭉쳐 구국의 길로 총매진한 사실은 역사가 생생하게 증명하고 있는 바입니다. 저 신라의 삼국통일, 고려의 건국, 몽고족의 침입, 임진왜란 등등 이 엄청난 국난 극복을 위하여 앞장선 불교를 우리는 너무도 잘 기억하고 있습니다. 북한 공산도당들의 적화통일 도전에 직면해 있는 한편 세계적 경제 불황이라는 경제 난국에 봉착해 있는 현재 우리들 불자가 총화단결을 과시하여야만 이러한 국난도 능히 극복되고 타개될 줄 믿어 마지않습니다. 이 사람의 생각으로서는 박정희 대통령의 배려에 힘입어 정부에서는 부처님이 오신 음력 사월 초파일을 공휴일로 제정하여 주었을 것이라 여겨집니다. 우리들 일천만 불자 모두가 다 같이 기뻐하며 우리들이 다 함께 부처님의 크나큰 자비공덕에 기도를 드려야 되겠습니다. 또 본 대법회에 이어 상연될 이차돈 극은 신라시대의 대성사 이차돈의 거룩한 순교의 사적을 엮은 극으로서 현 시국하에 우리들이 다 같이 그 정신을 본받아야 될 것이라고 확신하는 바입니다.

민족통일을 이루었던 신라의 화랑정신과 이후의 호국불교 정신을 물려받은 민족으로서 우리의 염원인 남북통일을 향한 범국민적 단합을 기원하기 위해 열렸던 이 법회는 이차돈의 연극 공연을 보면서 순교를 통한 불교사상을 아울러 전하도록 하였다. 덧붙여 그는 “우리 모두 이 자리에서 축복을 받고 우리처럼 축복받지 못한 북녘 동포들을 위하여 자비심을 갖고 호국통일을 염원하는 뜻으로 한마음 한뜻이 되어 자비의 등을 밝히자.”고 말했다.

강석진의 불교사상은 이와 같이 국난극복을 위한 순교정신이 바탕이 되어 있었던 것이다. 그는 민족사의 호국불교 전통을 현재 우리 민족이 처해 있는 분단의 상황에 적용시켜 비극적 현실을 타개하는 지혜로 삼으려 하였다. 추구하고 있는 사회적 문제해결 논리를 불교의 역사성에서 찾아 그 정신을 사회에 전달하여 당면한 현실적 문제를 해결하려 하였다. 그가 탐구한 문제해결의 기능은 바로 한국불교의 전통인 호국불교로서의 정신이다. 호국불교의 정신으로 해결하고자 하는 현실의 문제는 분단의 비극이며 공산주의에 의한 민족상잔의 위협인 것이다.

호국불교의 정신으로 공산주의를 막아 민족의 통일을 이루기 위해 자신이 할 일은 자신의 재산을 던져 이 사회에 호국안보의 정신을 세우는 일이었다. 그는 성공한 기업가로서 다른 사람이 가지지 못한 재력을 소유하고 있었다. 자신의 재력을 나누어 호국불교를 진흥시키고 국가정신을 일으켜 세우려 하였다.

그래서 그는 나라를 지키는 군인들의 정신이 불안하면 국토방위의 임무를 충실히 할 수 없다고 생각하고 군부대에 불교사원을 건립해 주기로 했다. 그는 평소에도 불교의 포교에 관심이 많았는데 현대의 불교는 산에서 내려와 도심 속 사람이 많은 곳에서 포교를 해야 그만큼 효과가 크다고 주장했다. 그가 볼 때 많은 군인들이 모여 있는 군부대는 좋은 포교의 대상이 아닐 수 없었다.

군대 내의 종교 활동은 장병들에게 생사관을 확립시켜 유사시 군 본연의 임무에 희생적인 정신과 국가관을 유지하는 것이 목적이었다. 따라서 국군에게 우리 민족의 고유 종교인 불교의 신앙 활동이 시급한 현실이었다. 당시 부산의 군부대로 가장 규모가 큰 곳은 군수기지 사령부였다. 군수기지 사령부의 뜻있는 장교들과 부산지역의 승려들이 군수기지 사령부 예하 장병들에 대한 포교의 필요성을 거론하기 시작하였다.

1960년대에는 군대의 경우 군 내에서 교회를 지어 기독교 행사는 인정되었지만 불교 행사는 공식적으로 인정되지 않았다. 이와 관련하여 조계종 총무원에서는 군 내 불교 행사에 관한 건의를 국방부와 정부에 제출했고 결국 대통령 훈령에 의해 1968년 11월 한국군 최초의 군승이 육군 내에 탄생하게 되었다. 국방부에서도 군승제도를 두어 1969년에 공군 법사, 1970년에는 해군 법사가 종군하므로 각 군대에 군승들이 종군하기 시작하였다.

당시 군승의 최우선 과제는 법당 건립이었다. 부산에는 군부대 내에 교회는 25개나 있었으나 법당은 한 곳도 없었다. 당시 범어사 신도회 회장 겸 부산불교신도회 회장을 맡고 있던 강석진이 김용금(金容今) 준장과 함께 공동으로 법당건립추진위원장으로 추천되었다. 그리하여 법당 건립을 위한 회의를 개최하였다. 방위성금을 내어 탱크를 하나 더 만드는 것도 중요하지만 올바른 국가관과 불교의 호국정신과 화랑정신을 장병들에게 심어 주어 군의 정신을 증강시켜야 되지 않겠느냐는 논의가 있었다.

강석진은 이 자리에서 한국불교는 역사적으로 볼 때 호국불교이고 국난과 어려운 일이 있을 때마다 민족정신이 되었다. 그러나 조선 오백 년 억불정책과 일제 식민지 시대를 거치는 동안 불교가 쇠퇴하고 서양종교가 들어와서 모든 사회 분야에서 성장하고 있는데 불교는 잠자고 있다고 언급하였다.

그는 자신이 어렵게 자수성가한 과정을 이야기하며 "돈을 버는 사람은 10원짜리 한 장을 보고도 몇십 리를 쫓아간다. 하지만 국민 전

금련사

앙고라 사탑형

체를 위하고 국가를 위해 쓰는 돈이라면 아까울 것이 무엇이 있겠느냐.”는 말과 함께 1,000만 원을 내놓겠다고 하면서 서명하였다. 문무왕의 호국불교처럼 그도 자신의 재물을 아낌없이 풀어 국군의 정신력 강화를 위한 군대 불교 포교와 군승 활동 지원을 후원한 것이다. 또 함께 참석하였던 시내 각 기관장과 기업인들도 성의를 표시하여 그 자리에서 2천여만 원을 모금하여 공사에 착수하게 되었다.

마침내 1972년 12월에 준공되었는데 뒤의 산 이름이 금련산(金蓮山)이라 그 이름을 따서 법당을 금련사(金蓮寺)라 하게 되었다. 금련사는 대지 4,500평에 건평 160평으로 부산시 관할부대의 신앙처로 수천 명의 장병들의 불도장(佛道場)이 되었다. 박정희 대통령은 금련사라고 호칭할 것을 결정하고 대웅전과 금련사 휘호를 써 주었다.

금련사 건축물의 특징을 살펴보면 1층은 현대 서양식 콘크리트 건축이고 그 위에 한국의 전통적인 4각의 누각을 얹은 형태로 누각의 지붕 꼭짓점 위에는 탑형의 장식을 얹었다. 탑형의 장식 형태는 전통탑의 상륜부(相輪部)에 있는 보주(寶珠)29)을 닮았다. 1층이 법당으로

---

29) 탑이나 석등 따위의 맨 꼭대기에 얹은 구슬 모양의 장식.

사용하게 되어 있는 이 건물은 법당 전면에 5개의 아치로 회랑(回廊)이 지붕 역할을 하게 한 것이 특징이다. 이 앙고라(Angora)[30] 사탑형은 원래 중동 지방의 회교권 국가들의 건축 양식인데 이 양식을 과감히 도입하여 한국의 전통적인 누각과 접목시켜 자신만의 새로운 양식으로 창조하였다.

금련사의 특징은 그가 설계한 다른 건축물과 달리 장식적인 요소가 많이 들어갔다는 점이다. 합리적인 용도에 많은 주안점을 두었던 그가 이렇게 장식적인 요소를 가미시킨 이유는 동서의 건축양식을 융합시키는 과정에서 피할 수 없는 요소로 등장했기 때문이다. 이 건물은 이후 한국의 전통건축을 현대화하는 데 많은 참고자료가 되고 있다.

육군의 불교 군종사찰인 금련사와 함께 강석진은 진해 해군사관학교 내에도 해군 장병들의 불심을 앙양하기 위한 호국사(護國寺) 건립을 추진하였다. 진해 호국사 건립은 1969년 해군 장병들의 절실한 요청에 따라 해군참모총장과 해군사관학교장 그리고 마산 포교당 주지스님 사이에 처음으로 법당 건립이 논의되었고 이듬해 법당건립추진위원회가 결성되었다. 이로써 1971년 10월 부산 범어사에서 있었던 세계고승합동대법회 때 다수의 인사가 모인 오찬회 석상에서 법당 건립이 논의되어 강석진이 예산을 전담하기로 하고 진해 호국사 건립추진위원장으로 추대되었다.

그리하여 11월 27일에는 해군의 각급 지휘관을 비롯해서 불교계의 사회 저명인사들이 참석한 가운데 역사적인 기공의 첫 삽을 뜨게 된

---

30) 터키의 수도 앙카라(Ankara)의 옛 이름. 소아시아 아나톨리아 고원에 있는 도시로 중세 유적이 많이 있으며 앙고라염소의 원산지로 유명하다.

것이다. 1972년 4월 15일에는 강석진이 법당건립 기금 1700만 원을 희사함으로써 그해 8월 준공되었다. 이 공사 중 가뭄과 혹서가 계속되었음에도 불구하고 공사가 순조로이 진행될 수 있도록 관음보살의 자비의 감로수인 양 영묘한 샘이 솟아 해갈하게 하는 이적이 있었다.

특히 박정희 대통령은 진해 호국사라는 휘호를 내려 그 의의를 더욱 빛나게 하였다. "세존이시어! 진해 호국사에서 맺어진 오늘의 이 인연으로 바다를 다스리고 나라를 지키는 해군 장병들에게 호국사상을 북돋아 주시고 나라의 터전을 반석같이 굳게 하시어 국운을 날로 창성하게 하오시며 대자대비하신 부처님의 원력으로 만인의 마음을 화평하게 하시고 이 가람이 후세의 중생에 영원한 복전이 되게 하소서"라고 박정희 대통령은 기원했다.

1972년 8월 15일에 세워진 호국사는 6각의 콘크리트 단층 건물에 6각의 2층 소탑 형식으로 2층 소탑의 크기는 같지 않다. 6각의 건물형식은 주로 정자를 건립할 때 쓰이던 양식으로 건물 앞에 서 있는 두 개의 석등도 같은 6각으로 되어 있다. 그가 이 호국사를 해군사관학교에 희사한 뜻은 호국불교 사상을 이어받은 호국사상의 고취에 있기도 하지만 불교의 포교목적도 겸하고 있다고 보아야 한다.[31]

강석진이 금련사와 호국사를 짓기 위해서 쾌척한 돈은 당시의 기준으로 보아도 결코 적은 돈이 아니었다. 이처럼 많은 재

진해 해군사관학교의 호국사

---

31) 장길환, 「동명 강석진 박사의 조형관」, 『동명문화』 6집, 293~294쪽.

물을 던져 육해군에 사원을 기증한 것은 그의 종교적 신념이 호국불교를 숭상하기 때문이었다. 그는 역사상 민족을 보위하기 위하여 희생한 선열들의 호국정신을 본받아 국군 장병들이 부처님의 법을 따라 국가와 민족을 위해 살신성인하는 호국불교가 실현되는 날 우리 민족의 안녕과 번영이 저절로 이루어지리라고 생각하였다.

군인은 누구보다도 투철한 생사관과 국가관을 지닌 의로운 정신의 소유자가 되어야 하며 국가와 민족을 위해서는 언제라도 전장에서 죽을 각오가 되어야 한다. 따라서 군대에서는 생사를 초월할 수 있는 종교적 환경을 제공하여 수시로 장병들의 정신무장을 확립해야 하는 것이다. 그는 불교의 호국 전통을 계승하여 장병들이 과거 신라의 화랑들이나 백제의 계백 장군과 같은 정신으로 무장하고 북한 공산주의자들의 도발을 막고 나아가 조국의 통일을 이룩하려고 하였던 것이다.

군부대 방문, 위문품 전달하는 강석진

강석진의 호국불사는 문자 그대로 그의 투철한 국가관과 헌신적인 희생정신이 밑거름이 되어 이루어진 것이다. 강석진의 불교사상이 개인의 기복구원에 불과한 것이 아니라 신라 문무왕처럼 민족의 통일과 번영에 있는 호국적 사명감을 바탕으로 한 것이라는 것을 알 수 있다. 사실 그의 불교에 대한 신심은 일반적인 경우와 같이 종교적 차원에 머무르는 것이 아니었다. 그는 호국불교를 통하여 유사시 국난극복을 위한 국민정신을 계발하려고 하였다. 그는 호국불교의 전통을 되살려 호국안보의 정신을 세우려 하였다. 그 외에도 민간 반공안보 지원단체인 팔각회를 창설하고 1968년 이후 18년간 총재를 역임한 경력을 보면 그의 투철한 국가안보 사상을 알 수 있다.

동명 강석진은 80여 년 평생을 대자대비하신 불타의 정신으로 이 나라 불교중흥과 지역사회 발전에 크나큰 업적을 남겨 두었고 한 시대를 살아온 역사의 증인으로서 부처님의 가르침을 널리 홍보하는 데 힘을 아끼지 않았다. 동명불원의 설계와 건축·감독 등을 직접 맡아서 8년간의 긴 세월에 노신을 돌보지 않고 한결같은 신념으로 동명불원을 창건한 일과 국군 장병들의 신심을 높이기 위하여 1972년 1,000만 원을 희사하여 군수기지 사령부에 금련사를 건립해 주었을 뿐만 아니라 진해 해군사관학교에 1,700만 원을 들여 호국사를 세운 일 등이 이를 뒷받침해 주고 있다. 이러한 불사는 평소 그의 국가관과 헌신적인 희생정신이 없었으면 이룩할 수 없었던 것이다.

결론

1960~1970년대 한국 사회의 현실은 지금과는 판이하게 달랐다. 한국전쟁의 여파가 채 가시지 않았던 당시의 사회 분위기는 멸공통일이라는 구호에서 볼 수 있듯이 북한 공산주의자들에 대한 적개심과 통일에 대한 열망으로 가득 차 있었다. 강석진의 사회사업의 주된 활동은 바로 이러한 시대적 사회문제와 부합하는 것이었다.

강석진의 국가관과 역사적 신념은 그가 한국에서 최초로 팔각회를 창립하여 반공안보의 국민적 정신을 확립하겠다는 의지를 표명하였을 때 더욱 극명하게 나타난다. 그는 팔각회의 이념이 평화통일, 자유평화, 사회봉사에 있음을 명확하게 천명하였다. 팔각회는 그가 주도하여 창립되었고 활동의 대부분이 그가 후원하였던 단체였으므로 팔각회의 이념은 곧 그의 이념이라고도 볼 수 있다.

강석진의 유별난 반공정신은 우리 민족의 전통적 불교사상인 호국불교 사상에 기인하는 것이기도 하였다. 그의 애국사상은 스스로의 체험과 신념에서 생겨난 것이지 누구에게 강요당했거나 불교 때문에 생긴 것이 아니다. 불교를 독실하게 믿게 됨으로써 애국사상이 깊어졌다고 보아야 한다. 그것은 한국의 불교가 고려시대와 조선시대를 거쳐 오면서 호국불교로서의 역할을 충실하게 해 온 역사적인 사실에 대하여 더욱 감명을 받았으리라고 본다.

한국불교를 호국불교라고들 말할 정도로 불교는 한국역사 속에서 호국신앙을 잉태하고 발전시켜 왔다. 물론 한국불교에서 호국사상이 차지하는 비중이 증대하게 된 것은 한국의 역사적 배경이 신라의 삼국통일을 위한 전쟁, 계속되는 이민족의 침입으로 인한 전쟁 등 끊임 없는 전쟁의 고통 속에서 허덕이는 경우가 많았다. 결국 이러한 역사적 절박함을 극복할 수 있는 정신적인 위안처로서 호국사상은 발전하게 될 수밖에 없었던 것 같다.

그런데 현대적인 입장에서 호국사상은 거리감이 느껴지기도 한다. 즉 주술적인 의례로서 호국신앙의 요체로 삼는다거나 왕조 및 왕권에 대한 예속 또한 충성을 호국의 표본으로 생각할 가능성은 있기 때문이다. 하지만 이러한 견해는 '호국이 즉 호법이다(護國卽護法)'라는 불교 호국사상에 대한 그릇된 이해에서 비롯된 것이므로 불교인뿐만 아니라 일반인들도 호국사상에 대한 본질적인 의미와 오해의 소지가 없도록 인지시키는 것이 필요한 것이다.

제3장

동명 강석진의
보시사상과 실천불교

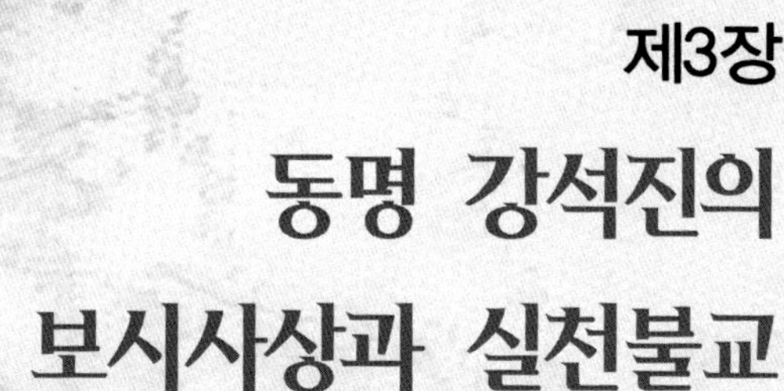

〈애인(愛人) - 육바라밀〉

─춘원 이광수

님에게는 아까운 것이 없이
무엇이나 바치고 싶은 이 마음
거기서 나는 보시(布施)를 배웠노라.

님께 보이자고 애써
깨끗이 단장하는 이 마음
거기서 나는 지계(持戒)를 배웠노라.

님이 주시는 것이라면
때림이나 꾸지람이나 기쁘게 받는 이 마음
거기서 나는 인욕(忍辱)을 배웠노라.

자나 깨나 쉴 사이 없이
님을 그리워하고 님 곁으로만 도는 이 마음
거기서 나는 정진(精進)을 배웠노라.

천하에 하고 많은 사람 중에

오직 님만을 사모하는 이 마음
거기서 나는 선정(禪定)을 배웠노라.

내가 님의 품에 안길 때에
기쁨도 슬픔도 님과 나와의 존재도 잊을 때에
거기서 나는 반야(般若)를 배웠노라.

이제 알았노라
님은 이 몸에 바라밀을 가르치려고
짐짓 애인의 몸을 나툰 부처님이시라고.

문제제기

『금강반야바라밀경(金剛般若波羅蜜經)』의 중심 사상은 철저한 공 사상에 입각한 윤리적 실천이라고 할 수 있다. 윤리적 실천은 자아의 집착을 부정하고 사물에 집착하지 않는 보시행을 뜻한다. '마땅히 머무를 바가 없이 그 마음을 낸다(應無所住 而生其心)'의 내용은 외적인 세상에서 펼쳐지는 모든 대상이나 내적인 나의 존재 어디에도 내 것이라 집착할 만한 곳이 없는 것이므로 그러한 인식에서 청정한 실천행이 나온다는 뜻이다.

초기 경전인 『숫타니파타(Suttanipata)』에는 "사람은 신앙으로써 거센 흐름을 건너고 정진으로써 바다를 건넌다."라고 설하고 있다. 참다운 믿음을 갖는 것은 마치 거친 파도를 건널 수 있는 든든한 뗏목을 타는 것과 같다. 그만큼 바른 믿음을 선택하는 것은 종교생활에서 가장 중요한 관건인 것은 분명하다. 하지만 바른 믿음을 선택하는 것만으로 우리가 해탈하거나 구원받는 것은 아니다. 문제는 노를 저어서 고해를 건너 열반의 저 언덕[彼岸]으로 건너가는 것이다.

그래서 『숫타니파타』는 믿음의 배를 타는 것에 머물지 말고 정진의 노를 저어 고해의 바다를 건너라고 설한다. 이렇게 믿음 못지않게 바른 실천이 중요하기 때문에 불교에서는 '부처님을 믿고 받든다'라는 의미를 지닌 신앙이라는 말보다 '믿고 실천한다'는 의미를 가진 '신행(信行)'이라는 표현을 주로 쓴다.

『화엄경(華嚴經)』에서는 불자의 종교적 믿음과 실천에 대해 신·해·행·증이라는 네 가지 범주를 제시하고 있다. 신(信)이란 부처님과 참다운 불법의 가르침과 승가를 올바로 믿는 것을 말하며 해(解)란 불법의 가르침을 바로 이해하는 것을 뜻한다. 그리고 행(行)이란 믿고 이해한 바를 몸소 실천하는 것을 말하며 증(證)이란 우리도 부처님과 같이 진리를 깨달아야 한다는 것이다.

『법구경(法句經)』에서는 "사랑스럽고 색깔이 아름다울지라도 향기가 없는 꽃처럼 실천이 따르지 않는 훌륭한 말은 효과가 없으리라."라고 했는데 비록 믿음이 순일하고 교리적 이해가 깊다고 할지라도 보살행과 같은 실천으로 이어지지 않는다면 향기 없는 꽃처럼 무미건조할 수밖에 없을 것이라고 설명하고 있다.

원효 또한 '실천과 지혜는 마치 수레의 두 바퀴와 같고(行智具備如車二輪)' 또 '자리와 이타는 새의 두 날개와 같다(自利利他 如鳥兩翼)'라고 하였다. 결론적으로 불자에게서 믿음과 실천이란 새의 두 날개와 같이 서로 균형을 이루어야 하며 자리와 이타는 수레의 두 바퀴처럼 조화를 이루어야 한다는 것이다. 즉 불교는 실천불교로 행함으로써 구하는 것이 부처님의 가르침인 것이다.

불교를 한마디로 말한다면 자각의 종교라고 할 수 있다. 그것은 단순히 부처님을 신봉하는 믿음의 종교로 그치는 것이 아니라 부처님의 가르침에 따라 직접 수행을 통해서 추체험(追體驗)하고 확인하여 각자 자아의 지혜와 인격으로 구현하도록 하는 것이다. 다시 말하면 우리들 모두가 본래부터 지니고 있는 불성을 자각하고 개발하여 자기의 종교를 확립하여 스스로 참된 자아완성의 인격과 행복한 삶을 이룩할 수 있는 길을 제시하고 있는 것이다.

동명 강석진의 사회활동은 불교의 근본 교리인 보시의 마음에서 우러나온 것이었다. 그는 보시 행위를 통해서 모든 중생을 즐겁게 하였고 남에게 재물로 육바라밀(六坡羅密) 덕복 중에 첫째인 보시 바라밀에 해당하는 재물보시[財施]를 한 것으로 볼 수 있다. 그의 철학은 불교의 보시정신에 입각한 생활철학인 것이다. 힘들고 난해한 불법의 해석과 추구는 그의 목적이 아니었다. 오로지 부처의 가르침과 법에 따라 꾸준히 보시를 행하고 실천하는 것을 자신의 생활실천 덕목으로 삼은 것이다.

1960년대에는 전후복구가 완료되지 못하고 사회는 정치적·사회적으로 혼란하기 짝이 없는 시기였다. 그중에서도 가장 문제가 되는 것은 국가의 미래를 책임질 청소년들의 현상이었다. 전후의 수많은 고아들과 생활고로 인한 결손가정의 자녀들이나 소년소녀 가장의 생계문제는 시급한 사회적 문제였다.

강석진은 불교의 기본적인 정신인 자비의 마음으로 보시 공덕에 전심하였다. 불우 청소년을 위한 사업으로 **B.B.S** 운동과 출소자를 위한 갱생보호사업을 이끌어 나가면서 자신의 재산을 나누어 무소유의 보살행을 실천하였다. 그는 **B.B.S** 운동을 통하여 다음 세대의 주역들인 청소년들의 건전한 성장을 희망하였다. 엄청난 자금을 출자하여 회관을 세우고 해마다 막대한 사재를 털어 불우 청소년들의 자립자금을 희사하였다.

특히 한 번의 실수로 사회에서 일탈된 출소자들의 정신적·경제적 치유를 위해 각고의 노력을 기울였던 것이다. 우리나라에서 갱생보호 활동과 같은 운동이 제도적으로 뒷받침된 것은 1989년 7월 청소년 범죄에 대한 보호관찰제도가 시행되면서부터 갱생보호사업이 발전의 계기를 맞게 되었다. 그러나 1960~1970년대에 이르기까지 당시의 갱생보호사업은 누구 하나 앞장서서 이 문제에 대해 진지하게 생각하는 사람이 없는 실정이었다. 그때 그의 이러한 노력이 기초가 되어 오늘날 갱생보호사업이 활발히 움직일 수 있게 되었다고 본다.

강석진의 생활불교 활동은 1971년 3월 28일 부산불교 신도회 제2대 회장에 취임하여 부산의 불교 발전에 전심전력하면서 본격적으로 행해진다. 원효가 민중 속에 들어가 불법을 전한 것처럼 사물에 대한 적극적이고 현실적인 정신은 그의 특징이었다.

그는 불교의 교단에서도 사회에 참여하여 민중 속에 들어가 더 많은 관심을 보여 주어야 한다고 강조하면서 어떠한 대상이라도 현실적인 행동을 전제로 하지 않는 사상은 의미가 없다고 하였다. 이에 대해 그는 "산중불교에 가까웠던 불교도 변화를 꾀해야 한다. 민간 속에 파고 들어가는 종교만이 앞으로 살아남을 수가 있다. 언제든지 신도와 소통할 수 있는 환경을 조성하는 것이 중요하다."고 강조했다.

또 인간성 회복이 경제발전에 못지않게 중요한 일이라고 생각하여 인간교화와 건전한 정신을 불교의 생활화를 통해 재건하고자 하였다. 이것은 그의 평소 지론인 불교의 생활화를 의미하는 것이다. 그는 또 인간성 회복은 불교의 대중화에 의해서만 가능하다고 보아 생활불교의 터전이 필요함을 절감하여 동명불원을 창건하였다.

한국불교가 낳은 불멸의 성사 원효와 부산의 기업인이자 사회사업가인 강석진의 공통점이 있다면 과연 통할까? 도저히 화합할 수 없을 것 같은 양자는 모양 좋게 어울린다. 그 둘을 이어 주는 징검다리는 바로 '거사불교와 불교의 대중화(실천화)'이다.

「동명 강석진의 보시사상과 실천불교」에서는 귀족불교가 만연하던 신라에서 교단을 벗어나 민중 속에 들어가 무애가를 부르며 불법을 전도했던 원효의 인간평등 사상을, 재가불자로 불우한 청소년·출소자를 위한 재물보시와 불교의 생활화를 통해 인간의 존엄성을 몸소 실천했던 강석진의 불교사상과 비교·연구하면서 공통점을 찾아내려고 한다. 특히 강석진의 생애를 살펴보면 그가 평생에 펼친 보시정신과 이웃사랑 실천은 여러 사례들을 통하여 그 숭고한 의미를 느낄 수 있을 것이다. 특히 강석진의 여러 가지 사회사업 중에서 누군들 그의 청소년 사랑을 이렇게 실천할 수 있었겠는가? 그의 삶이 얼마나 진실한 불자의 삶이었는지를 원효 스님과 비교하면서 고찰하려 한다.

1. 강석진의 보시사상

(1) 선종불교와 재가불교

민중불교란 위로는 깨달음을 구하고 아래로는 중생을 교화해야 한다는 공동체적 정신을 표현한 '상구보리 하화중생(上求菩提 下化衆

生)'의 대승정신을 오늘의 현실 상황 속에 적용시켜 보다 직접적이고 구체적인 실천을 도모해야 한다는 입장으로 특히 역사발전의 진정한 주체는 흔히 정치적으로 지배당하고 경제적으로 착취당하며 사회적으로 소외되어 온 민중들이므로 그들에게 우선적인 자비의 손길이 베풀어져야 하고 그들과 광범위하게 연대하여 사회경제의 구조적 모순을 척결해 나갈 때 현실의 고통으로부터 해방된 진정한 정토세계가 실현될 것이라는 주장이다.

선종(禪宗)불교는 불립문자(不立文字)를 주장하며 경전에 의하지 않고 자기 내에 존재하는 불성을 깨치고자 한 것이었다. 따라서 선종은 밖으로부터의 인연을 끊고 깊숙한 산에 들어가 수행하는 이른바 좌선을 행한다. 이들은 절대적인 불타에 귀의하는 것이 아니라 각자가 가진 불성의 개발을 중요시하였다. 따라서 이러한 선종불교는 중앙정부의 간섭을 배제하려 하는 지방호족들의 이해요구와 일치하게 된 것이다. 또한 민중들에게 있어서도 불법을 경전이 아닌 수행에서 얻을 수 있다는 면에서 귀족불교와는 다른 민중불교로 호응을 받을 수 있었다.

선종의 실질적 창시자인 조계(曹溪) 대사 혜능(慧能, 638~713)이 강조한 '불성엔 남북의 차별이 있을 수 없다(佛性卽無南北).'는 인간의 존엄성 회복을 위한 사상해방 운동이며 인불(人佛) 평등사상의 구체적 실현이다. 당시의 시대사조는 문벌귀족이 정치적·경제적 특권을 누리는 출신별 계급구조를 타파하려는 한문(寒門) 출신 신진관료와 농민들의 열망이 불길처럼 뜨겁게 타올랐다. 선종불교는 이 같은 시대사상과 결합해 민중의 요구에 부응하면서 불교 발전의 앞날에 중대한 영향을 미쳤다. 따라서 혜능의 선종 출현은 당(唐) 중엽 이후

의 사회적·경제적 발전 및 사회모순과 계급갈등의 격화가 낳은 결과의 하나라고 볼 수 있는 것이다.[32]

선종은 사회적·역사적 각도에서 보면 반권위·반체제를 구호로 하는 해방사상이다. 그 해방의 구체적 지평은 자유·평등·정의이다. 혜능 선종의 이 같은 해방사상은 종교형식을 통한 전통사상과 통치체제에 대한 대항이기도 했다. 선종의 자유사상은 종교적 형식을 빌리고 있기 때문에 일차적으로 정신적 해탈을 지향한다. 그러나 그 안에 내포된 사회적 의미를 결코 간과해선 안 된다.

당시 시대사조에서 가장 첨예했던 평등사상은 혜능 선종에서 '중생이 곧 부처(衆生是佛)'라는 한마디로 요약·강조되어 있다. 중생과 부처 간의 차별을 인정치 않는 선종의 절대 평등사상은 출신신분에 따른 품급의 차등이나 빈부의 차별 등과 같은 사회적 모순까지를 포함하는 드넓은 평등의 지평이다.

혜능 선종이 가장 힘주어 강조한 것은 평등사상이다. 혜능의 평등사상은 그의 제자인 마조(馬祖, 709~788)의 홍주선(洪州禪)이 전개한 '진리는 청정한 인간 본성(양심)을 따라 펼쳐지는 일상생활 속에 내재한다(平常心是道).'는 것이 바로 중생을 일깨운 민중사상이다.

> 만약 수행을 하고자 한다면 집에서도 가능하다. 부디 출가해 절에만 있어야 할 이유는 없다. …… 세간에서 불도를 닦는 수행을 해도 어느 것 하나 그 수행을 방해하는 것은 없다. 항상 자신의 허물을 스스로 알아 반성하면 그대로 도와 딱 들어맞는 것이다. …… 불법은 원래가 세속 속에 있나니 세속 속에 있으면서 세속을 떠나야(초월해야) 한다. 그렇기 때문에 세간을 떠나 밖으로 나가 출세간을 구하려 하지 말아야 한다.[33]

---

32) 郭朋, 『壇經校釋』, 中華書局, 1997, p.8.

혜능의 선종은 외재적인 출가와 수행이나 형식적인 좌선 수행을 부정하고 세간의 일상생활 속에서 수도·성불하는 재가불교(거사불교)와 생활불교를 제창했다. 그의 재가 수행 제창은 불교의 정치성과 경제성에 대한 비판이면서 개혁의 구체적 대안제시였다. 또 재가와 출가의 구분을 없앤 거사불교는 불성 평등론을 기반으로 한 사회적 평등사상의 구체적 실천이었다.

정치권력과 밀착한 출가 승려들의 귀족화와 호사를 누리는 막강한 사원의 장원경제는 출세간(出世間)주의 수행이 빚어낸 폐단이었으며 일반 민중들로부터 불교를 소외시키는 결정적 요인이었다. 또 출세간주의는 유가의 전통적인 입세주의(入世主義) 인생관이 지배하는 중국인들의 심성에 마찰을 일으켰다. 재가불교는 이러한 마찰을 해소하고 출가주의 수행으로 야기되는 국가 생산 노동력의 감소를 둘러싼 정부와 불교의 갈등을 해결하는 효과를 발휘하면서 평민 계층은 물론 사대부 계층에도 강한 호소력을 가졌다. 호구지책에 쫓겨 별도의 수행시간을 낼 수 없는 평민들과 세속의 물질적 향락을 버리기 아쉬워하는 사대부들은 혜능 선종이 주창하는 생활불교에 큰 매력을 느꼈다. 혜능 선종의 유별난 재가불교 강조는 이러한 민중의 요구와 불교의 타협적인 산물이었다.

혜능의 재가불교는 말을 바꾸면 '인간 불교'다. 여기서는 일상생활이라는 인간의 삶이 바로 수행이며 일반 백성의 가택이 곧 사찰이며 선방이 된다. 부처의 불교와 인간 불교, 재가와 출가, 세간과 출세간을 하나로 통일시켜 버린 혜능의 진심 일원론적 관점은 '만법은 모두

---

33) 郭朋, 『壇經校釋』, 中華書局, 1997, pp.71－72.

다 자성 가운데 있다(萬法盡是自性)'는 유심론으로 요약되어 있다.34)

혜능 선종의 선승들은 '배가 고프면 밥을 먹고 졸리면 잠을 자는(饑來喫飯 困時卽眠)' 생활 속 수행을 통한 해탈을 거듭 강조했다. 이는 어떤 것에도 집착하지 않는 '무심'의 현실 생활을 선도(禪道)의 정도로 제시한 탁견이다. 여기서 고행의 두타행(頭陀行)이나 좌선 같은 수행법은 밥을 먹고 잠을 자는 인간주의적인 수행으로 대체됐다.

혜능의 선종은 불성론을 인성화(人性化)하고 세속화시켜 장엄하기만 했던 성불 경계의 절대 초월성을 세속 안으로 끌어내려 물 긷고 땔나무 나르는 일상사와 융합시킴으로써 세속사회 냄새가 물씬 풍기는 평등사상의 실천을 보여 주었다. 재가 수행법은 가장 인성에 부합하는 인간주의적인 수행법이라 할 수 있다. 혜능의 후계자들은 불교의 초월성을 물 긷고 나무 나르는 자질구레한 일상사에까지 연결시켜 세간과 출세간의 엄격한 경계를 무너뜨림으로써 혁명적인 평등사상을 고취했고 불교 내적으로는 재가 수행의 길을 활짝 열어 놓았다.

혜능의 선종이 인도 불교의 전통인 출가수행을 굳이 요구하지 않은 것은 형식에 구애받지 않으려는 당시 시대사조가 요구하는 자유사상의 구체적 실현이었다. 혜능이 남긴 유명한 말인 '사람에게는 남북의 구별이 있지만 불성에는 남북의 구별이 없다(人卽有南北 佛性無南北).'·'수행은 집에서도 가능하다. 굳이 수행을 위해 절에 가야 할 이유는 없다(若欲修行 在家亦得 不由在寺).'·'중생이 곧 부처다(衆生是佛).' 등은 사회적 입장에서 보면 철저히 당시의 민중과 신지식인들이 갈망하는 시대적 사조인 정치적·사회적 평등과 자유에 연

---

34) 郭朋, 『壇經校釋』, 中華書局, 1997, p.50.

결되어 있었다. 다만 종교적 형식과 논리로 설파한 점이 세속 정치사상이나 사회사상과 다를 뿐이었던 것이다.[35]

(2) 강석진의 보시사상

1907년에 태어난 강석진은 오로지 자신의 사업을 이루어 꿈을 실현하고자 피나는 노력을 기울여 결국 60년대 한국 합판 공업의 선두주자로서 수출입국의 견인차 역할을 완수하였다.

최고 수출상 수상

일제 강점기의 절망과 한국전쟁의 참혹한 현실 속에서 그는 잿더미 속에 쌓아올린 희망의 탑을 보았으며 다가올 새 시대에 자신이 해야 할 사명을 인지하였다.

훗날 부산의 대표적 재벌로 성장하였을 때 평생 일구어 모은 재산을 불우한 청소년과 어려운 이웃을 위해 쓰기로 한 것과 후세의 육영 사업을 위해 물심양면으로 헌신하였던 자세에서 그의 예지는 다시 빛을 발할 수 있었다. 특히 스스로의 노력과 능력으로 이룬 재산임에도 고통받는 중생을 위해 사원을 건립하여 공공의 재산으로 헌납하고 민족의 보위를 위해 자신을 던진 국군 장병들에게 종교적 안식을 주고자 거액의 재물을 털어 사찰을 지어 준 강석진의 불심은 간과할 수 없는 의미가 숨어 있는 것이다.

---

35) 이은윤, 「선종은 왜 민중불교를 지향하였는가 - 남종선 태동과 흥성의 정치사회적 배경」, 『불교평론』 14호, 2003.

대개 사람이 잘살게 되면 자기가 고생했던 시절에 대한 보상심리로 있는 티를 내며 흥청망청 돈을 쓰고 싶어 한다. 사람이 돈을 버는 이유가 자신의 안락한 생활과 부자로서의 대우를 받고 싶은 것이기 때문에 돈을 번 사람들이 남달리 자신의 부를 과시하는 것은 어쩌면 인지상정(人之常情)인지도 모른다.

그러나 강석진은 자신이 번 돈을 자신의 것으로 생각하지는 않았다. 그렇다고 자신을 평범한 소시민으로 생각하지도 않았지만 자기 돈이라고 자신만을 위해 쓰는 것은 세상의 옳은 도리가 아니라고 생각했다. 길거리를 배회하는 걸인·부랑자·불우 청소년들을 보며 그는 언제나 남의 일 같지 않게 여겼다. 더불어 다 같이 잘사는 세상이 그의 지론이었다. 나도 잘살아야 하겠지만 내 이웃이 가난하고 배고프면 나의 풍요는 진정한 풍요가 아니라는 것을 그는 일찍부터 깨닫고 있었다.

오늘날의 경우에는 여러 가지 상황의 변화에 따라 사정이 조금 달라져 있지만 부처님 당시의 출가 수행자들은 원칙적으로 식량을 얻기 위한 농사일이라든가 돈을 벌기 위한 장사 등의 모든 생산활동과 경제활동에 관여해서는 안 되었다. 『잡아함경(雜阿含經)』의 「정구경(淨口經)」에 의하면, 모든 출가 수행자는 사부정식(四不淨食)36)에 의해 살아가면 안 되고 오로지 걸식에 의해서만 살아가야 한다고 가르친다.

다시 말해서 일반적으로 바른 직업이든 나쁜 직업이든 출가자는 일체의 세속적 직업을 가져서는 안 되고 경제활동에 참여해서도 안

---

36) 사부정식이란 ① 논밭을 갈고 나무를 심어 살아가는 것(下口食), ② 해와 별과 달, 비와 바람 등을 관찰하고 연구함에 의해서 살아가는 것(仰口食), ③ 권력에 아첨하며 교언영색으로 그들로부터 재물을 얻어 살아가는 것(方口食), ④ 점치고 관상 보는 것을 배워 사람들의 길흉화복을 말하거나 의술로써 살아가는 것(維口食)을 일컫는다.

된다는 말이다. 부처님은 출가 수행자는 엄격한 무소유의 정신으로 물질을 떠난 생활을 하여야 한다고 하였으나 재가불자에 대해서는 오히려 적극적으로 현세적인 재산을 얻고 지키도록 하는 다음과 같은 설법이 있다.

비구들이여, 세상에 상인이 있어 오전에 열심히 업무에 힘쓰고 대낮에도 열심히 힘쓰고 오후에도 열심히 업무에 힘쓴다면 이러한 3가지 조건을 구비한 상인은 아직 얻지 못한 재산을 얻고 또 이미 얻은 재산을 증식할 수가 있느니라.

그러나 재화의 획득과 증식을 위해서는 단순한 근면만으로는 부족한 면이 있다. 그러므로 부처님은 "먼저 기술을 배우고 난 뒤에 재물을 구하라."라고 설하신다. 기술습득의 강조는 분명 경제활동에 대한 적극적인 입장을 표명하고 있는 것이다.

우리의 경제활동을 크게 두 가지로 분류한다면 하나는 돈을 벌고 관리하는 일이요 다른 하나는 돈을 쓰는 일이라고 할 수 있다. 불교적 입장에서 보면 돈을 버는 일도 중요하지만 돈을 어떻게 쓰느냐 하는 것은 더욱 중요한 일이라고 할 수 있다. 돈을 어떻게 쓸 것인가에 대한 해답을 구하기 위해서는 먼저 재물의 효용에 대한 불교적 인식이 어떠한지를 살피는 것도 도움이 될 것이다. 부처님은 『중아함(中阿含)』의 「선생경(善生經)」에 나오는 '사분법(四分法)'의 가르침 속에 표명되고 있다.

재물을 구한 다음에는 이것을 넷으로 나누되 4분의 1은 생계(음식)비로 쓰고 4분의 1은 생산[田業]비로 쓰며 4분의 1은 저축해 두어 긴급한 때에 소용

이 되게 하고 4분의 1은 경작인이나 상인에게 빌려 주어 이자를 창출하도록
하라.

불교인들은 특히 『우바새계경(優婆塞戒經)』에서 설하고 있는 세
가지 복전(福田)의 개념에 유념하면서 경제생활을 꾸려 간다. 그 세
가지 복전이란 공덕전·보은전·빈궁전이다. 불교인의 삶의 궁극적
목표는 해탈과 열반이다. 따라서 해탈과 열반으로 중생을 이끌어 주
는 불법승(佛法僧) 삼보를 공경하는 일은 무엇보다도 소중하다.

첫 번째는 공덕전(功德田)이다. 공경의 마음이 깊으면 불교의 법륜
이 더욱 널리 굴러갈 수 있도록 하기 위해 스님과 사찰 그리고 불교
교단에 대한 경제적 지원도 아끼지 않게 될 것이다. 그것이 바로 공
덕전의 가르침이다.

두 번째는 보은전(報恩田)이다. 은혜에 보답하는 것은 인간윤리의
근본이며 은혜의 근본은 부모님이다. 따라서 부모님께 효도하고 봉양
하는 것은 필연적인 것이며 진실로 효를 행하는 사람은 모든 인간관
계도 원만하게 유지해 갈 것이다.

세 번째는 빈궁전(貧窮田)이다. 가난하고 어려운 사람들에 대한 보
시는 결국 우리 자신을 돕는 일이다. 우리 인간은 모두가 더불어 살
아가는 연기적 존재이기 때문이다. 부처님은 『증일아함경(增一阿含
經)』에서 "병자를 돌보는 것은 곧 나(부처님)를 돌보는 것이요 병자
를 간호하는 것은 곧 나를 간호하는 것이다. 왜냐하면 나는 지금 몸
소 병자를 간호하고 싶기 때문이다."라고 설한다. 가난하고 병들고
어려운 사람들을 부처님처럼 받들고 돌보라는 것이 빈궁전의 가르침
인 것이다.

강석진의 사회활동은 불교의 근본교리인 보시의 마음에서 우러나온 것이었다. 불자가 추구하는 이타의 정신은 바로 가난한 자에게 물질을 제공하는 재물보시만을 이야기하는 것은 아니다. 의지가 부족한 자에게는 의지를 키워 주고 마음이 가난한 자에게는 덕을 보시해 주는 것도 중요한 불자의 보시정신이다. 그뿐 아니라 지혜가 부족한 자에게는 법을 보시하고 용기가 없는 자에게는 무외보시(無畏布施)를 베푸는 것도 피할 수 없는 불자의 의무이다. 이와 같이 타인의 정신적 안정을 돕고 중생의 신앙생활을 위해 자신의 재산을 풀어 사원을 건립하는 것을 중요한 자신의 일로 생각한 강석진의 행위는 보시 실천의 산 표본이었다. 대승불교를 실천하는 윤리적 기조는 보시행이며 그의 일상도 보시행에 근거한 것이었다.

부처님은 상업과 같은 영리를 남기는 직업을 긍정적으로 평가하였다. 상인 계층의 영리추구를 인정한 것은 사회변화를 수용하면서 개인의 영리가 대중에게 회향될 수 있다고 보았기 때문이다. 그러나 영리추구에 있어서 대중에게 자리 잡고 있는 탐(貪)심 · 진(瞋)심 · 치(痴)심의 삼독심(三毒心)을 항상 경계하라고 가르쳤다.

인간 마음의 근저에 흐르는 남의 것을 탐내는 탐심, 화를 내는 진심, 어리석은 치심의 세 가지는 인간의 착한 마음을 죽이는 독이라 표현하였다. 삼독심 가운데 탐욕은 가장 없애기 어려운 것으로 모든 사회악을 낳는 근본이다. 미혹한 현상세계에 펼쳐지는 모든 고통은 자기 것으로 취하려는 탐욕에서부터 시작하는 것이라 보았다. 이렇듯 탐욕은 채워지지 않았을 때 고통을 동반하며 탐욕은 다음 탐욕으로 끊이지 않으므로 계속 중생의 마음을 어둡게 하는 것이다.

오늘날 우리의 경제생활은 물질적 풍요로움을 너무 누려 물질적 탐욕이 또 다른 탐욕을 낳아 대중의 정신마저 타락시키고 있다. 정도 이상의 물질적 탐욕은 물질의 풍요로움으로 끝나는 것이 아니라 남의 것도 과감히 취하려는 사악한 마음을 낳게 한다. 우리 사회에 극심한 소득불균형도 그 원인을 깊이 성찰해 보면 남의 도움으로 얻은 이윤을 환원하지 않고 고통과 무명(無明)만을 일삼는 탐심과 치심의 소치이다. 역사적으로 어느 사회나 한쪽 계층의 일방적인 부의 점유는 항상 반대급부를 형성하여 투쟁과 갈등을 낳아 왔다. 우리 사회가 투쟁과 갈등이란 아수라와 같은 혼란 속으로 들어가기 전에 탐욕의 퇴치를 위해 그 부를 이웃과 나누는 보시의 정신이 필요하다 하겠다.

대승불교의 보살도인 위로는 깨달음을 구하고 아래로는 중생을 교화하는 실천불교를 주장하면서 출현한 것이 화쟁사상(和諍思想)이다. 좁은 의미로서는 화합을 가르치지만 넓은 의미에서 공존을 가르쳤다. 개성이 다른 인간과 인간끼리의 갈등이 어느 사회 안에서나 문제가 된 것을 보면 뜨거운 심장을 가진 인간의 아집은 묘한 성질을 가진 모양이다. 그래서 인간사회의 아름다움의 극치는 '조화'라는 말까지 대두되게 되었다.37)

이러한 측면에서 볼 때 강석진의 사회사업은 사회적 의무감이 아닌 자신의 신념에 의해서 이루어진 것이라고 볼 수 있다. 그는 사업이 전성기에 오르기 전인 1960년대 중반부터 사회활동을 시작하고 있다. 그의 목재사업은 65년도의 연간 매출액 50억 원으로 시작하여 70년에 100억 원대의 매출고를 달성하고 76년에는 500억 원대를 기록하면서 10년 남짓한 기간에 무려 10배의 매출신장을 기록하였다.

---

37) 황다연 지음, 『당신에게 가는 길』, 한국문학도서관, 2007, 29쪽.

그런데도 불구하고 그의 주요한 사회사업 활동은 1965년에서 1970년 까지 절정을 이루고 있다.

천덕호(千德好)의 『동명강석진전기(東明姜錫鎭傳記)』에는 강석진 의 주요한 사회활동을 자세한 경비 소요 내역과 연 횟수를 고려하지 않고 연도별 주요 사업의 건수만 발췌하여 작성한 도표가 있는데 아 래와 같다.

연도	내용			총계
	BBS · 청소년	팔각회 · 안보	기타	
1964년 이전	2	·	·	2
1965~1970년	12	10	·	22
1971~1975년	1	2	·	3
1976년 이후	2	1	2	5
계	17	13	2	32

위의 도표를 참고하면 특히 목재사업이 번창할 즈음인 1965년부터 1970년 사이에 그의 주요한 사회사업 실적이 전체 32건 중 22건에 이 른다는 사실에 주목할 필요가 있다. 이러한 사실은 강석진의 사회사 업 활동이 그가 돈을 충분히 벌고 난 후 쓰고 남은 돈으로 사회적 명 성을 얻기 위해 시작한 것이 아니라고 볼 수 있는 증거이다. 그뿐 아 니라 강석진의 사회사업 활동은 주로 당시의 시대적 상황과 사회의 현실적 필요에 부응한 것이라는 특징이 있다.

『법구경(法句經)』에서 "베풂이 적어도 그 갚음은 크다. 작은 것이 라도 베푸는 지혜는 즐겁고 기쁜 일을 크게 보게 하리라."라는 부처 님 말씀이 바로 불교의 경제윤리에 대한 말씀이다. 이러한 불교의 경제윤리가 바로 강석진의 생활실천 덕목이었다.

2. 강석진의 실천불교

(1) 불우 청소년을 위한 B.B.S 운동

1904년 미국 뉴욕시의 한 소년재판소 서기 어네스터 K. 쿨터(Ernest K. Coulter)는 자신이 매일같이 다루는 소년범들에 대하여 "어떻게 보호·관찰하여 갱생의 길을 걷도록 할 수 있을까?" 하고 생각하던 중 당시 중앙장로교회에서 남성구락부원 약 40명과 함께 월튼 멀 스미스(Walton Mull Smith) 목사 집에서 함께 화합하여 탄생시킨 것이 바로 일대일의 형제자매 맺기(Big Brothers and Sisters) 운동의 시초이다. B.B.S 운동의 근본목적은 문제 청소년과의 일대일의 결연을 통해 그들로 하여금 정상적인 사회생활을 영위하여 나갈 수 있게 도와주는 것이다.

1904년 미국 뉴욕에서 B.B.S 운동이 시작된 이래 캐나다와 일본을 거쳐 1964년도에 우리나라에 정착했다. 가난과 배고픔이 이 땅의 대다수를 지배하던 시절 B.B.S는 넝마주이와 구두닦이로 방황하는 청소년들에게 미래에 대한 꿈과 희망을 불어넣어 주는 일을 시작으로 그 활동을 전개해 왔다.

강석진의 사회사업 활동으로 순수한 대민복지활동은 아무래도 B.B.S 운동이라고 볼 수 있다. 흔히 세간에서 그를 가리켜 'B.B.S 운동의 화신'이라고 한다. 그의 사회사업 중에서 가장 대표적이며 가장 많은 관심과 열정을 쏟은 분야가 바로 B.B.S 운동이었기 때문이다.

우리나라에서 B.B.S라는 순수 민간운동이 부산이란 지역에서 시작되었다는 사실은 우리나라 청소년 운동사에 하나의 선구적 모델이 되었으며 그의 활동 또한 자타가 인정하고 있다.

B.B.S 회관 건립

강석진이 1964년 11월 3일 B.B.S 회장으로 취임한 이후부터 B.B.S 운동에 새롭고 강력한 활력을 불어넣었다. 우선 과거 행정구역 단위로 발족을 본 지부를 완전 해체하고 보다 현실성 있는 조직을 구상하여 실천적이며 열성적인 인사들로 개편·보강한 뒤 기본사업부터 추진하였다. 구두닦이·넝마주이 등 가두 직업소년을 위시하여 가정환경이 불우한 청소년들을 대상으로 일반단체 또는 기관단체의 대표자와 결연하게 하여 건전하게 자랄 수 있게 활발한 운동을 전개함으로써 일반인에게도 알리게 되었다. 그리고 연맹의 회관건립을 위한 계획을 세우고 나아가 이 운동의 최종목표인 민간운동화로 성공시키기 위해 온 정성을 쏟았다.

B.B.S 회관은 하나의 복지시설로서 마땅히 필요한 것이었다. 그러나 B.B.S 운동 초기에는 거액이 소요되었기 때문에 회관의 건립은 거의 불가능한 형편이었다. 1965년 2월 강석진은 취임과 더불어 회관건립에 나섰던 것이다. 그는 회관건립에 있어 경비는 물론이고 완벽한 설계와 견고한 공사까지 직접 지휘·감독한 것이다. 그리하여 1965년 12월 한국에 있어서 최초의 회관이면서 유일한 B.B.S 청소년들의 보금자리가 마련되었다.

그는 1965년 3월 23일 서울에서 열린 '청소년선도국민궐기대회'에 참석하였을 때 박정희 대통령이 연설한 한마디 한마디를 모두 기억하고 있었다. 그 내용은 다음과 같다.

특히 성인들의 각종 비행은 바로 이들 미성년자들로 하여금 악을 본받게 하고 끝내는 오늘과 같은 청소년 범죄의 급증을 빚어 놓고야 말았습니다. 그러기 때문에 나는 청소년 선도를 위해서는 무엇보다도 먼저 성인들의 자각과 사회정화가 앞서야 한다고 주장하고 싶습니다. 이와 아울러서 나는 이 운동이 관의 지도를 받기보다는 민간운동으로 발전되어 나갈 것을 바라 마지않습니다. 민간운동으로 추진되는 한 그것은 보다 활발히 전개될 것이고 보다 실효 있게 결실을 맺을 것이며 그 힘은 관이 지도하는 어떤 운동보다도 클 것으로 믿는 바입니다. 그동안 우리나라에서도 국가 사회의 장래를 염려하는 청소년운동가들의 움직임이 활발해져 가고 있거니와 나는 이분들의 헌신적인 노고를 치하하는 한편 앞으로 더욱 민간의 힘으로 이 운동이 크게 확대되어 나갈 것을 기대합니다.

박 대통령은 불우 청소년들의 비행은 대개 성인들의 탈선에서 배우며 사회기강과 풍조가 혼란해진 데 그 원인이 있다고 하였다. 강석진의 생각도 박 대통령의 말과 일치하였다. 그는 언제나 주변 사람들에게 엄격하였을 뿐 아니라 자녀의 가정교육을 매우 중요하게 여겼다. 가부장적 사고방식을 가진 그는 직원들에게도 회사의 구조적인 위계질서 대신에 상사를 집안의 어른처럼 여기면 기강도 바로잡히게 될 뿐 아니라 인간적인 유대도 공고해진다는 점을 강조하였다. 사회에서도 마찬가지로 어른들이 거리의 청소년들을 자신의 자녀처럼 여기고 스스로 솔선수범한다면 사회의 청소년 문제는 해결될 것이라고 생각하였다.

강석진은 부산에서 B.B.S 운동이 시작되던 1964년 11월부터 80년 6월까지 15년 동안 부산 B.B.S 연맹의 회장직을 맡아 불우 청소년 선도와 자립을 위해 봉사하였다. 그가 B.B.S 운동을 위하여 얼마나 많은 정성과 열의를 기울였는가에 대한 해답은 B.B.S 운동에 관한 그의 어록에서 그 해답을 찾을 수 있을 것이다. 그는 사회에 대한 생각을 다음과 같이 단적으로 표현하였다.

나는 70평생 오늘날까지 삶을 영위하게 된 것도 농부가 곡식을 심어 거두어 주었기에 밥을 먹을 수 있었고 공장에서 사람들이 옷감을 만들어 주었기에 옷을 입을 수 있었고 건축하는 사람이 집을 지어 주었기에 편안한 잠을 잘 수 있었다. 남의 도움을 받지 않고 사람이 혼자 살아간다는 것은 있을 수 없다.

그는 소유에 대한 권리유무를 일체 따지지 않고 남의 도움을 받지 않고 사람이 혼자 살아간다는 것은 있을 수 없는 일이라고 단언한 것은 그의 사회사상이 '공존의 철학'에서 출발하는 것이기 때문이다. 그는 자본주의 사회에서 일어나는 문제의 기본적 가치가 금전에서 시작한다는 사실을 명확히 알고 있었다. 가지지 못한 자는 자본주의 사회의 소외계층으로 현실적인 기회에서 격리된다는 사실을 두고 볼 수 없었던 것이다.

강석진의 B.B.S 운동에 관한 지론은 간단하고도 명쾌하였다. 비행을 저지르는 문제 청소년들의 가정이 대개 극히 가난한 집안이라는 사실에 착안하였던 것이다. 청소년들의 탈선이 가정

B.B.S 장학금 전달

생업자금 전달

의 빈곤에 그 원인이 있다는 사실은 지극히 일반적이고 상식적인 문제였으나 원인이 되는 빈곤을 해결해 줄 수 있는 현실적 방법이 경제적 도움을 전제로 한 것이기 때문에 상당한 경제적 출자를 각오하지 않고는 아무나 할 수 있는 일이 아니었다.

또 청소년들의 비행이 저질러지고 난 후 교정에 힘쓰는 것보다 미리 사전예방의 차원에서 자활을 위한 생업자금을 지급하여 문제의 요인을 제거하는 것이 청소년 선도를 위한 옳은 방책이라는 점을 강조했던 것이다. 또한 '비행소년'을 '불우소년'으로 불러야 한다는 그의 제의는 다음 세대의 주역인 청소년들의 사회적 가치를 얼마나 중요하게 생각하고 있는가를 반증해 주는 부분이다.

강석진은 일단 생업자금을 주고 나면 어떻게 사용하는지를 세밀히 살폈다. 1970년 2월 B.B.S의 청소년 5,154명에게 격려의 편지를 보냈다. 그는 편지를 통해 청소년들을 한 가족처럼 격려하고 자신감을 가지고 용기 있는 생활을 할 수 있도록 아낌없는 후원을 약속했다. 때로는 직원을 몰래 보내 자금의 쓰임새를 관찰한 뒤 자립의 가능성이 보이면 무제한 도와주기도 했다.

모든 청소년 문제를 경제적인 이유만으로 설명할 수 없지만 강석진의 지론은 문제의 핵심을 짚은 것으로 볼 수 있다. 그가 주장하는 B.B.S 운동의 본질적 문제는 경제적 자립이었다. 그의 사회사업에 관한 사상은 매우 현실적인 것이 특징이다. 그는 막연한 이상을 내세우는 몽상가가 아니었다. 그의 사고방식은 어디까지나 현실에 입각한 실천을 강조하는 행동주의자였다고 평가할 수 있다. 정성과 열의 속에 지급된 생업자금은 인간완성을 기하려는 자립 자주정신의 발로이며 국가장래를 위한 기업이윤의 사회환원을 실현하는 것이었다. 그리고 물질원조가 아닌 사랑의 나눔을 실천한 것으로 한국 B.B.S 운동사에 길이 남게 될 것이다.

그는 B.B.S 운동의 발전을 위해 국제사회의 B.B.S 운동에도 관심을 가지게 되었다. 한국 B.B.S 운동도 국제교류를 통한 상호협력과 협조가 필요하다고 생각했다. 특히 미국과 일본을 위시하여 우리나라와 인접하고 있거나 우호관계에 있는 개발도상국들과 교류할 계획을 가졌다. 그리하여 여러 나라와 정보교환, 관계자 상호왕래, B.B.S 회원 간의 국제적 친선 등을 도모하였다.

1968년 9월 10일 강석진의 미국 방문은 미 국무성 사회복지 담당 번즈(Burns) 여사가 시연맹을 방문하여 기념 서명을 한 후 미 국무성 초청에 의해 이루어졌다. 특히 1960년의 사회사업가 자격으로 초청이 이루어졌다는 것은 국가적으로 퍽 명예로운 것이었다. 미 국무성 초청은 한국 B.B.S 운동의 투철한 봉사정신과 상공회의소·팔각회 회장 등을 통해 지역 사회발전에 기여했고 앞으로도 사회사업가로서의 역할이 기대되었기 때문에 성사된 것이라 할 수 있다.

강석진의 사회복지 사업은 B.B.S 운동으로 대표된다. 따라서 B.B.S 운동의 성격은 바로 그의 사회복지 사상의 실체인 것이다. 1960년대는 정치적·사회적으로 혼란하기 짝이 없는 시기였다. 그중에서도 가장 시급한 사회적 문제가 되는 것은 전쟁고아와 소년소녀 가장의 생계문제였다. 그는 B.B.S 운동을 통하여 청소년들의 건전한 성장을 희

망했으므로 불우 청소년들의 선도와 지원을 국가발전을 위한 필수적
인 과제로 보았다.

1980년 5월 12일 『부산일보』 기사에 다음과 같은 내용이 소개되어
있었다.

> 동명왕국의 총수 강석진 씨는 '인간 강석진'으로서 불우이웃을 돕는 데 나름
> 대로의 힘을 기울였다. 그가 벌인 사회사업 중에 가장 정열을 쏟은 것이
> B.B.S 운동이었다. 64년 12월부터 지난해 연말까지 B.B.S 운동을 통한 생
> 업자금 · 장학금 등 지급액은 67회에 걸쳐 2만 5,225명에게 총 3억 원이다.
> 이를 현재 화폐가치로 따진다면 약 25억 원이나 된다는 것이다. …… 생업
> 자금 지급식장에는 언제든 만사를 제쳐 놓고 꼭 참석했던 강 씨는 즉흥 연설
> 을 통해 불우 청소년들에게 노력하면 된다는 자활의식을 심어 주기에 안간힘
> 을 썼다. 강 씨는 일단 생업자금을 주고 나면 어떻게 쓰는가를 세밀히 살폈
> 다. 때로는 직원을 몰래 보내 자금의 쓰임새를 관찰한 뒤 자립 가능성이 보
> 이면 무제한 도와주기도 했다.

동명 강석진은 일제 강점기에 태어나 영락한 선비 집안의 자식으
로 불우한 청소년 시절을 보내고 사업가적 능력을 한껏 발휘했던 장
년기는 한국전쟁의 상처로 전 국민이 말할 수 없는 고통을 겪고 있던
때였다. 그가 성장한 시대적 배경은 그로 하여금 독특한 사회관을 형
성하게 하였다. 그는 무엇보다도 가장 절실한 문제에 우선적인 관심
을 보였다. 이와 같이 그의 사회사업 활동은 언제나 현실적 문제해결
논리를 저변에 깔고 있었다.

강석진의 사회사업 활동의 주요 이력을 간추려 보면 당시로서는
거액인 수천만 원의 거금을 여러 번 희사한 사실을 쉽게 발견할 수
있다. 그는 근검절약을 생활신조로 삼아 구두쇠로 불릴 정도로 검약

생활을 한 인물이다. 그러나 사회를 위한 봉사의 경우나 국가적 소명에 따른 공익사업에 자신의 재산을 쾌척하는 데는 주저하지 않았다. 불우한 이웃과 청소년을 위한 사업으로 B.B.S 운동을 이끌어 나가면서 자신의 재산을 나누어 대승의 불심에 입각한 무소유의 보살행을 실천하였다.

B.B.S 운동에 있어서 비행소년의 사전예방과 불우 청소년의 자립정신 고취와 경제적으로 어려운 환경에 있는 청소년들에게 생업자금을 준 것은 불우 청소년들의 생명의 젖줄이 되었다. 선각적인 사고의 판단으로 부산의 B.B.S 운동에 하나의 거울이 되었고 한국 B.B.S 운동 활성화에 크게 기여한 그의 업적과 정신은 길이 역사에 남을 것이라 생각한다.

『맹자(孟子)』의 「양혜왕(梁惠王) 상7」에는 "노인을 나의 어버이처럼 모시는 것을 남의 어버이에게 미치게 하고 아이를 나의 아이처럼 걱정하는 것을 남의 아이에게까지 미치게 한다면 천하를 가히 손바닥에 올려 두고 다스리게 될 것이다(老吾老以及人之老 幼吾幼以及人之幼 天下可運於掌)"라는 구절이 있다.38) 이 구절은 불우한 청소년들의 불행을 무심히 간과하지 않고 나의 아이들을 훈육하듯이 자립의 정신을 깨우쳐 주고자 무던히도 애를 썼던 강석진의 청소년에 대한 사랑과 애정을 엿볼 수 있는 적절한 명언이다.

(2) 출소자를 위한 갱생보호사업

원효(元曉, 617~686)가 살았던 7세기 중반은 역사의 대격변기다.

---

38) 맹자 지음, 김선희 번역, 『맹자』, 풀빛, 2006, 222쪽.

백제 · 고구려 등과 삼국통일이라는 대업을 향한 대결구도는 치열한 각축의 연속이었으며 불교교단은 귀족층들의 기득권 형성과 대중불교의 바람이 일던 시기였다. 따라서 원효에게는 시대적 사명의식도 정립해야 했던 고난의 시기로 봐야 한다.

그것은 통일에 대비한 불교의 기반구축과 살생이 난무하는 통일의 당위성 앞에 불살생(不殺生) 등 엄격한 계율을 원칙으로 하는 불교인으로서 극복해야 될 당면한 문제점들과 또 기득권층에 안주하는 귀족불교를 지양하고 보편적 삶의 현장에 직접 동참하여 행동하는 불교를 어떻게 구현할 것인가의 문제점들이 일시에 대두된 시대였다.

신라는 백제와 고구려를 당나라와 연대하여 통일이라는 이름을 얻어 냈지만 백제와 고구려의 유민들에게는 고통의 나날이었다. 삼국의 통일을 전후하여 소용돌이치는 한 시대를 살았던 그에게는 왕실 · 귀족불교도 인도해야 할 대상이었고 더구나 고통받는 하층민 그리고 나라 없는 정복지역의 유민들도 모두 뜨겁게 안아야 할 이 땅의 가엾은 중생들이었다. 특히 원효는 나라를 빼앗긴 모든 백성들에게 『대승육정참회문(大乘六情懺悔文)』을 알려 줌으로써 정토를 이룩할 수 있다는 부처님의 가르침을 전해 준 실천행이었다.

그리하여 원효는 백제 · 고구려 유민들에게 힘과 용기를 주었다고 말할 수 있다. 나라를 빼앗긴 백성들에게 부처님의 가르침인 자비심을 베푸는 것은 노예적인 삶이 아니라 평등한 인간으로 돌아가는 몸이다. 원효는 인간으로 돌아갔다. 우리가 말하는 인간의 존재를 성취하였다. 원효가 분황사 · 황룡사에서 『금강삼매경론(金剛三昧經論)』을 강독한 것에 비하여 표주박을 들고 민중 속으로 들어가 민중과 함께한 수행의 법이 원효에게 있어서 최상 승법을 성취했다고 말할 수 있다.

원효가 살았던 7세기 중반처럼 1960년대
의 우리나라는 정치 · 경제 · 사회 · 문화적
인 모든 면에서 매우 열악하였다. 따라서
지도와 요청을 필요로 하는 대상자의 수가
아주 많았던 시기였다. 특히 출소자들은 일
반인에 비하여 살아가는 데 여러 가지 불
리한 여건을 가지고 있는 것은 사실이다.
강석진은 이들에 대하여 적절한 경제적 도

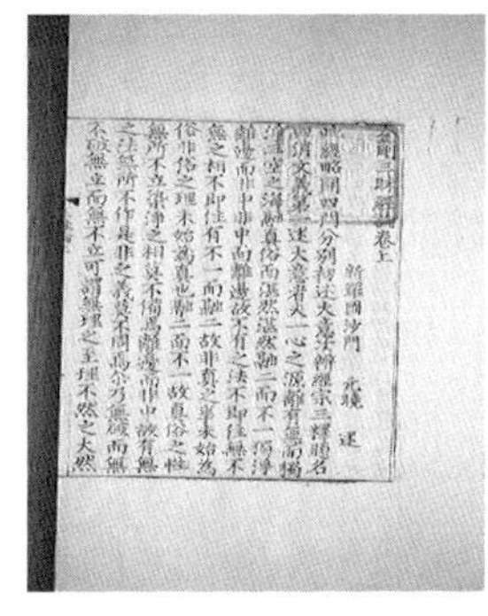

『금강삼매경론』

움을 주어 건전한 사회 구성원의 일원으로 복귀시켜 재범의 위험으
로부터 이들을 보호할 필요가 있다고 항상 생각했다.

그는 항상 "범죄 전력자에 대한 갱생보호사업은 정부나 어느 소수
집단의 노력만으로는 그 성과를 기대하기가 어렵고 범시민적인 협조
와 노력이 있어야 가능하다."고 하였다. 그는 출소자들에게 자립의
여건을 만들어 주어서 건전한 심성을 지닌 새사람으로 선도하는 것
이 우선적인 과제라고 생각했다.

개인주의 풍조가 만연된 물질만능주의와 배금주의가 팽배한 이 시
대에 봉사의 길을 택한 강석진은 한 번 실수로 사회에서 소외받는 피
보호자들을 위하여 봉사와 희생의 정신으로 이 사회에 그늘진 곳을
밝히는 등불이 되겠다고 굳은 신념과 의지를 보이기도 하였다. 갱생
보호사업은 사랑과 봉사정신을 바탕으로 하는 위대한 인간회복 사업
이라고 생각하고 출소자가 가지기 쉬운 소외감과 반항적인 심성을
씻어 주고 자립을 위한 토대를 마련하고자 노력하였다.

따라서 그는 이러한 운동을 통해 정서를 순화하고 도의심과 근로
정신을 함양함으로써 사회질서에 순화하도록 지도하는 데 온 정열을

쏟았으며 사회적으로 관념화되어 있는 범죄 전력자들에 대한 불신과 기피 풍조를 바로잡아 명랑한 사회를 이룩하는 것을 최상의 목표로 삼고 있었다.

그가 갱생보호사업에서 가장 중점을 둔 부분은 생계 보조금을 지원하고 직업훈련 및 취업알선으로 피보호자들을 유도하여 경제적 자립기반을 조성하는 것이었다. 결혼을 못한 피보호자에게는 합동결혼식을 주선했고 신랑 신부에게 예금통장 및 물품을 지원하여 새로운 보금자리를 만들어 주기도 하였으며 대학생 보호위원회의 활동지원도 전개하였다.

강석진은 갱생보호 대상자의 자립과 건전한 사회복귀를 위해서 1964년 10월부터 1976년 7월까지 12년간 부산갱생보호협의회 회장으로서 어려운 여건에 있는 갱생보호 대상자들을 헌신적으로 보살폈다. 갱생보호의 목적은 범죄자를 건전한 사회인으로 갱생시키며 갱생보호 대상자의 자립의식을 고취시켜 경제적 자립기반을 조성하는 데 있다.

갱생보호는 건전한 사회복귀를 촉진함으로써 재범의 위험을 방지하여 사회를 보호하고 개인 및 공공의 복리를 증진하고자 하는 형사정책상 최고선을 지향하는 사업이다. 갱생보호사업은 출소자에 대하여 정신적인 지도와 물질적인 지원을 해 줌으로써 그들이 정상적인 시민으로 사회에 다시 복귀할 수 있도록 해 주는 보람된 사업이기도 하다.

갱생보호(After care)라는 말은 이전에는 죄인보호·석방자보호·사법보호라 하였다. 우리나라도 본래 사법보호라 하던 것을 1961년 9월 30일 '갱생보호'라고 고쳤다. 갱생보호 활동의 중요성이 국가적 차원에서 인식되기 시작한 것은 매우 최근의 일이라 할 수 있다. 이러한 운동이 제도적으로 뒷받침된 것은 1989년 7월 청소년 범죄에 대한 보호관찰제도가 시행되면서부터이다. 이때부터 우리나라의 갱생보호사업은 발전의 계기를 맞게 되었다.

그러나 1960년대에서부터 1970년대에 이르기까지 당시의 갱생보호사업은 누구 하나 앞장서서 이 문제에 대해 진지하게 생각하는 사람이 없는 실정이었다. 물론 이러한 현상은 당시의 경제적 여건의 열악함 때문에 기인하는 것이었지만 그런 만큼 국고 보조가 거의 없는 상태에서 사회정화를 위해 큰 역할을 담당할 독지가가 필요하였다. 당연히 도움을 줄 사람은 적었고 도와주어야 할 대상자는 아주 많았다.

이때 강석진은 천혜의 마음으로 인간의 가치와 존엄성을 위해서 한 번의 실수로 사회에서 일탈된 이들의 정신적·경제적 치유를 위해서 각고의 노력을 기울였던 것이다. 12년간 부산갱생보호협의회 회장 재임 당시의 기여금은 엄청난 금액이었다고 한다. 그의 이러한 노력이 기초가 되어 오늘날 갱생보호 사업이 이렇듯 활발히 움직일 수 있게 되었다고 본다.

'더럽고 깨끗함이 둘이 아니고 진리의 길과 세속의 길이 본래 같다(染淨不二 眞俗一如)'는 사상은 원효의 학문적 이론이자 종교적 실천의 기초이다. 진리의 근원은 우리들 일심(一心)의 통찰에서부터 나온다. 이미 그것을 확연하게 깨달은 원효에게 성속의 구별은 무의미했을 터이다. 그는 성과 속을 일심으로 아우르고 있다. 그렇게 함으로써 원효는 더욱 역동적이고 자유로운 큰 삶을 보여 주고 있는 것이다.

당시의 승려들 대부분이 왕실과 귀족들의 존경을 받으면서 성내의 대사원에서 귀족생활을 하던 것과는 대조적으로 원효는 전국 방방곡

원효 스님이 창건한 미타사

곡을 누비고 다녔다. 지방의 촌락이며 시장거리며 뒷골목을 승려가 아닌 세속인의 모습으로 『화엄경(華嚴經)』 구절에서 따온 노래를 지어 부르고 가무와 잡담으로 서민들 사이에 끼어들어 불법을 설법하는 교화 작업에 힘썼다. 누가 그런 기이한 행색의 원효를 이 땅에서 가장 뛰어난 학승이며 왕실에서도 존경받는 고승이라 생각했을 것인가. 그러나 그는 자신을 한없이 낮춘 자유로운 성자였고 민중의 벗이었다. 그리하여 가난한 사람 · 천민 · 부랑자 · 거지 · 어린아이들까지 모두 그런 원효를 허물없이 따랐다. 그들은 가슴 절절히 와 닿는 생기를 얻었으며 염불을 따라 부르며 정토에 태어날 희망을 키우기도 하였다.

광복 이후 혼란한 좌우의 이데올로기 대립과 민족의 분단으로 야기된 한국전쟁의 참혹한 현실은 우리의 민족사상 유례없는 비극이었다. 당시의 사회 현실은 전시와 전후를 막론하고 정상적이며 효율적인 사회복지 활동과 정책이 수행되었다고 보기는 어려운 시대였다. 이러한 시대적 소명과 사회적 환경의 영향으로 강석진은 불우한 이웃에 대한 자신의 행동을 정의할 수 있는 사상적 계기를 마련하였다. 그가 자립적 정신을 사회복지 이념으로 삼고 국가와 민족의 당면한 현실을 타개하기 위한 이슈를 지향한 것은 자신의 인생에서 배운 경험적 철학이었다.

삼국의 통일을 전후하여 소용돌이치는 한 시대를 살았던 원효는 가장 고통받는 하층민과 나라 잃은 유민들을 위하여 염불을 하면서 그들에게 정토를 이룩할 수 있다는 부처님의 가르침을 전해 준 것처럼 강석진 또한 물질만능주의와 배금주의가 팽배했던 시대에 한 번의 실수로 사회에서 가장 소외받는 출소자들에게 자립의 여건을 만들어 주고 건전한 심성을 지닌 새사람으로 선도하는 것이 우선적인 과제라고 생각했다.

그래서 먼저 생계 보조금을 지원하고 직업훈련 및 취업알선으로 자립을 위한 경제적 토대를 마련해 주었다. 그는 편지를 통해 한 가족처럼 격려하고 자신감을 가지고 용기 있는 생활을 할 수 있도록 아낌없는 후원을 약속했다. 원효가 그랬던 것처럼 출소자·불우한 청소년들과 편지를 주고받으며 가장 낮은 그들과 소통을 했고 그들을 이해하며 사랑 나누기를 실천했기에 그는 이타보시를 통한 위대한 보살행의 귀감이었다.

대기업가로서 억만의 재물을 소유하면서도 언제나 그는 가을철 누른 들판의 알찬 벼이삭처럼 모든 사람들에게 인간적 예를 다하는 겸손한 마음으로 일관되게 처신하였다는 점에서 생전의 고인의 자취는 더욱 돋보이고 또 그런 이타적인 인간성에 존경의 마음을 느끼게 되는 것이다.

(3) 7대 철리와 생활불교의 제창

강석진의 사회활동은 불법이 제시하는 보시정신을 실천한 것이다. 그의 사회활동의 철학은 불교의 보시정신에 입각한 생활철학인 것이다. 오로지 부처의 가르침과 법에 따라 꾸준히 보시를 행하고 실천하는 것을 자신의 생활실천 덕목으로 삼은 것이다.

강석진은 나름대로 독특한 경영방식과 기업에 대한 기본적 인식을
가지고 있었다. 그의 기업경영 방식은 가부장적인 위계질서를 바탕으
로 한 화합의 질서로 생산성을 향상시키는 방식을 채택하고 있다. 이
러한 사실은 강석진이 그의 사원들에게 행한 다음의 연설에서 잘 나
타나고 있다.

> 본인은 사장이다 과장이다 노동자다 하고 인간적인 차별을 하는 데 반대입니
> 다. 인간은 평등합니다. 단지 일하기 좋게 직책상 구분한 것이지 인간적으로
> 차별을 할 수는 없습니다. 왜 이런 말을 하는가 하니 우리 사이에는 인정이
> 중요한 것입니다. 동료 간에 상하 간에 이것이 없으면 원만한 인간관계가 이
> 루어질 수 없습니다.

사회의 구조적인 위계질서 대신에 가족적인 인간관계인 인정으로
동료·상하 간의 문제를 해결하라는 것이다. 그뿐 아니라 강석진의
의식구조에는 모든 이에게 자비와 보시를 베푸는 불교의 평등사상이
자리하고 있는 것이다. 그의 기업관이 평등을 전제로 한 것이라면 그
의 기업은 위로는 사장과 아래로는 평사원에 이르기까지 더불어 살
아가야 하는 공동체로 인식하고 있는 것이다.

기업윤리도 이 속에서 발견할 수 있다. 그러므로 고객은 그의 공동
체 사회를 지탱하게 해 주는 은혜의 대상이다. 그는 고객의 회사에
대한 신뢰는 고객 중심적 생산에서 나오는 것이며 따라서 고객에 대
한 은혜의 사회윤리를 실천하고자 하였다.

강석진은 불교 卍 자의 양상에서 묘리를 깨달았다. 卍 자는 길상의
양상이며 공덕원만의 구현상(具顯相)으로 본다. 기업인 강석진의 참
모습을 찾아보는 데는 무엇보다 부처님의 卍 자에서 터득한 그의 철

리를 이해하는 것이 첩경이다. 그에 의하면 卍 자의 형상은 수평, 직각, 직선, 균형, 중심, 역학, 원으로 구성되어 있다. 그는 스스로를 목수라고 자처하면서 기술자의 안목으로 卍 자가 지닌 조형적·역학적 원리인 7대 철리를 아래와 같이 정의하였다.

- 수평 – 공평한 상이다. 어느 쪽에도 기울이지 말자.
- 정각 – 정심의 촉발이다. 빠르고 올바르게 깨닫자.
- 직선 – 직립선의 상이다. 과감하게 어김없이 하자.
- 균형 – 존립의 원칙이다. 전후좌우를 잘 맞추자.
- 중심 – 통할의 원점이다. 잡은 이정은 흔들리지 말자.
- 역학 – 정신과 육체의 정이다. 온 힘으로 일하자.
- 원 – 우주의 진리다. 원만하게 두루 통하자.

그의 卍 자 철학은 불교의 교리적 해석보다도 인생의 완성을 위한 정신적 각오를 표현한 것으로 보인다. 그는 불교에 귀의하면서 인내심 하나만으로 살아왔으며 투박하고 강직한 성격이나 모든 공적을 남에게 돌리는 겸양의 미덕을 갖추고 대승불교의 기본교리를 수행하려고 노력하였다. 교리의 형식과 접하지는 않았지만 목수로서 기술에 열중했기 때문에 卍 자의 진리가 곧 자기 기술과 같다고 표현하였다. 그의 7대 철리는 일생을 살아가며 자신이 지켜야 할 지표였으며 남에게도 규범으로 요구한 철칙이었다. 이러한 철칙은 불법의 오묘한 원리와 통하는 탁월한 윤리규범이라고 할 수 있다.

원효는 학불종사(學不從師)라 하여 보편적인 승가의 관행을 따르지 않았다. 스승과 제자라는 승가의 법통을 초월한 독학의 뜻은 보리수 아래서 홀로 깨달은 석가세존처럼 '나에게 스승은 따로 없다.'는 독각의 의미를 상기시키게 하며 더불어 절대 고독 속에서 더욱 고고한 철학세계를 열어 갈 수 있는 냉엄한 지혜세계의 일단을 엿볼 수 있게 해 준다. 동명 강석진은 20대 초반에 불교의 종교적 의미를 깨닫고 생활의 지표로 삼으면서 살아왔다. 그도 특별히 불교의 교리와 법성을 깨치기 위해 입산수도나 고행정진을 수행하였다는 기록은 찾을 수 없다. 불법의 진면목을 접한 후 일생의 가르침으로 삼고 보살행을 구현하면서 스스로 거사(居士)의 길을 걸었다.

불교에 대한 기본적인 생각을 그는 다음과 같이 표현하였다.

> 우리 불교는 그동안 민중 속에서 숨 쉬며 철학적 · 윤리적 귀감으로도 크게 작용했다. 그런데 이조 이후 불교가 산속으로 들어가는 바람에 그 사명을 다하지 못하고 있다. 따라서 도시진출이 무엇보다 시급하다고 하겠다. 그래서 그들에게 무엇을 계도할 것인가도 꾸준히 연구해야 되며 오늘날은 여러 부문에서 모든 상황이 예측할 수 없게끔 급변하기 때문에 여기에 대해서도 대처할 수 있는 자질을 계발해야 된다고 본다. 가령 국제적 · 이데올로기적 · 사회적 · 문화적 · 경제적 차원에서 볼 때 이에 대한 탁월한 식견이 없어서는 안 되겠다.

그는 "그동안의 한국불교는 산중불교, 수행자 위주의 불교, 사찰중심의 불교로 일반대중과는 거리감이 있었다."고 문제점을 지적하며 '생활 속의 불교'를 그 대안으로 제시했다. 산중불교에서 벗어나 지역사회와 어우러질 수 있는 생활불교를 실천하는 데 주력한다는 것이다. 이에 대해 그는 "산중불교에 가까웠던 불교도 변화를 꾀해야 한다. 민간 속에 파고 들어가는 종교만이 앞으로 살아남을 수가 있다. 언제든지 신도와 소통할 수 있는 환경을 조성하는 것이 중요하다."고 하면서 다음과 같이 설명하였다.

나는 연꽃을 좋아해요. 벚꽃은 며칠 가지
못하지만 연꽃은 진흙 속에서도 피고 하루
뿐만 아니라 저녁에 졌다 해도 내일 다시
피곤 합니다. 교계(敎界)에 하고 싶은 말은
사회학에 보다 많은 관심을 가지라는 것이
고 사회를 모르고는 민중을 계도할 수 없는
것이 오늘의 현상입니다. 불법호지(佛法護
持)는 말만이 아닌 다중의 화합이 선행되어
야 이룩된다는 것도 덧붙이고 싶습니다.

처염상정(處染常淨)의 연꽃

강석진의 불교관은 철저한 현실참여에 있다. 그는 사회의 모든 구
성원들이 각각 자신이 해야 할 책무에 따라 현실에 입각한 적극적인
사회활동을 통해서 이 사회의 발전을 위한 합목적적인 결과를 보여
주어야 한다고 믿었던 것이다. 그러므로 불교 교단 역시 조선시대 이
후 보여 준 현실 도피적 자세로부터 전환하여 도시로 진출하고 중생
의 계도를 연구하면서 실질적인 역할을 다하여야 한다고 주장하였다.

원효가 민중 속에 들어가 불법을 전한 것처럼 사물에 대한 적극적
이고 현실적인 정신은 강석진 불교사상의 특징이었다. 불교 교단에서
도 사회에 참여하여 민중 속에 들어가 더 많은 관심을 보여 주어야
한다고 강조하면서 어떠한 대상이라도 현실적인 행동을 전제로 하지
않는 사상은 의미가 없다는 것이 그의 지론이었다.

부처님께서는 땀 흘려 노력한 자만이 목표를 성취할 수 있다고 말
씀하셨다. 땀 흘려 노력한 자의 고귀함을 노래한 것이 정진바라밀(精
進婆羅蜜)이다. 산중의 사문(沙門)들도 자신의 해탈만을 추구하여 속
세의 중생들이 겪는 마음의 고통을 외면하는 것은 노력하는 자세라
고 할 수 없다. 중생들이 마음속에 바라고 원하는 것을 땀 흘려 노력

하여야 얻을 수 있으니 마땅히 산중의 스님들도 떨치고 나와 땀 흘리는 중생을 위해 계도에 힘쓰는 것이 옳다는 이론이다.

일반적으로 불교의 사회관은 '홀로' 살아가는 인생이 아닌 '함께' 살아가는 중생들 속에서 실현시키는 가치를 중심으로 이루어져 있다. 강석진의 불교관은 종교도 어디까지나 사회 구성원의 일부로서 더불어 살아가는 지혜를 터득하지 않으면 그 의미를 부여할 수 없다는 사실을 강조하고 있는 것이다. 그래서 강석진은 힘들고 난해한 불법의 해석과 추구보다는 일제시기의 불교개혁의 정신을 이어받아 생활 속의 불교, 즉 불교의 대중화를 강조하였다. 생활 속의 불교를 위한 그의 활동을 네 가지로 나누어 설명하려고 한다.

첫째, 강석진은 1971년 3월 28일 부산불교 신도회 제2대 회장에 취임하면서 부산의 불교발전을 위하여 본격적으로 활동한다. 그해 부산불교합창단 단원 90명을 지원하고 TV와 라디오 등 대중매체를 이용한 각종 법회를 개최하여 불음전교(佛音傳敎)에 전념하였다.

불교음악은 다른 종교계의 음악과는 달리 정진과 수행의 의미가 더 많이 내포되어 있다. 즉 단순한 찬탄이 아니라 그 소리를 관(觀)함으로써 깨달음의 세계로 들어가고 삶 속에서 실천할 수 있는 참다운 지혜를 깨우치도록 하는 효과가 들어 있기 때문이다. 음악적 요소를 활용하여 남녀노소를 불문하고 누구나 쉽게 부처님의 가르침을 체험하도록 만든 신행방법이다.

현재 기악곡 형태로 연주되고 있는 '영산회상'은 본래 '영산회상불보살'을 노래하는 불교적인 내용의 성악곡이었던 것으로 추정되고 있다. 또 현재 민요로 전승되고 있는 경기민요 '탑돌이'와 황해도 민요 '산염불'과 '자진염불' 그리고 전라도 민요 '보렴' 또 민간에서 전해 오는 '고사염불' 등은 불교음악이 기층음악의 형성에 큰 영향을 끼쳤음을 보여 주는 예이다. 그러나 불교음악은 1911년 일제에 의해 사찰령이 반포되고 예불의식과 각종 불교행사가 금지되면서 쇠멸의 길을 걸었고 이후 물밀듯이 들어온 외래종교의 기세에 눌려 일반대중의 관심 밖으로 밀려나고 말았다.

그러나 불교음악 역시 전통음악의 발전에 큰 기여를 해 왔다. 기록에 의하면 많은 향가(鄕歌)들이 불교적인 노랫말로 되어 있음을 알 수 있다. 또 일반 백성에게 전파되어 많은 사람들을 교화시켰던 원효대사의 '무애가(無碍歌)'는 일반 민중들의 삶과 함께했던 당시의 불교음악의 모습을 보여 준다.

땅막 안에서 하룻밤을 지내고 나서 깨달음을 얻고 "나는 당나라에 가지 않겠다!" 하고 다시 돌아온 원효에게 수습 과정과 같은 승려의 계(戒)는 아무런 의미가 없었다. 원효의 파계는 관행에 얽매이지 않는 자유인으로 거듭날 수 있는 동기가 되었으며 위대한 면모를 드러내는 계기가 되었다. 파계 후 스스로를 '소성거사'라 칭하고 광대들이 사용하는 박을 응용하여 무애박을 만들어 천촌만락(千村萬落)을 노래하고 다니면서 중생을 교화히였다.

노래의 줄거리는 『화엄경(華嚴經)』의 이치를 담은 것으로 "모든 것에 거리낌이 없는 사람이라야 생사의 편안함을 얻는다."는 누구나 쉽게 알아들을 수 있는 서민풍 노랫가락으로 해탈세계를 열어 보였으며 사람들은 그 노래를 '무애가'라 불렀다.[39] 지금으로 말하면 그가 두들기는 무애박은 인터넷을 통한 사이버 법당이며 『화엄경』을 축약

---

39) 역사인물편찬위원회 지음, 『춤추는 광대처럼: 원효』, 역사디딤돌, 2009, 113쪽.

한 노랫가락은 고정 관념을 뛰어넘어 실천적 불교철학을 들려준 법음(法音)인 셈이다.

무애가는 곧 신라의 곳곳으로 퍼져 나가 백성들이 즐겨 부르는 노래가 되었다. 그것을 부르면 저절로 마음이 평온해졌다. 나중에 무애가는 원효가 창시한 정토교(淨土敎)의 원동력이 되었다. 정토교는 불교의 어느 종파에 구애되지 않고 모든 사람은 평온하다는 원칙 아래 사회와 사상의 통합을 추구했다.

그리고 정토교는 경전의 내용을 알지 못해도 '나무아미타불'만 열심히 외우면 극락정토에 갈 수 있다고 했다. 불교에 대한 지식보다 믿음을 중시한 것이다. 원효는 삼국통일 이후 갈등 양상을 빚고 있는 지방을 돌아다니며 "열심히 나무아미타불을 외우라."고 서민들에게 역설했다. 화엄세계 구현을 위한 원효의 기행은 고답적인 불교 관행을 초월한 것으로 서라벌에서는 가난뱅이와 어린이들까지도 부처님의 이름을 알고 염불을 할 수 있게 되었다고 한다.

미천한 백성으로서는 신라가 불국토임을 내세우거나 미륵이 하생해서 나라를 이끌어 간다는 자부심을 귀족과 함께 누리기에는 너무나 처지가 불리했고 화엄사상의 오묘하고도 치밀한 체계에 기대를 걸 수 있는 것도 아니었다. 현세에서는 관음이 출현해서 구원을 해 주는 기적을 기다리는 정도이고 그것보다 내세에는 서방 정토에 태어나도록 열심히 염불하면서 나날의 고난을 잊고자 했을 것이다.

불교 성립과 함께 여러 형태로 발전한 불교 음악적 요소들은 불자들의 신행생활뿐만 아니라 일반인들의 포교에도 중요하다. 불교음악은 전통 범패(梵唄)에만 국한되기보다는 명상음악과 치료음악 그리고 불교문화의 여러 영역에서 응용하는 것은 물론 일상생활 깊숙이

확산될 필요가 있다. 더불어 전통 범패 소리도 의례적 활용에서 그칠 것이 아니라 사라져 가는 소리들을 되살려 재현하고 많은 사람들이 쉽게 들을 수 있도록 대중화하는 방안도 찾아야 한다.

이러한 역사적 사실을 참고로 하여 강석진은 음악을 통해 신도들의 불심을 크게 함양해 줄 찬불가의 보급에 힘쓰면서 TV와 라디오 등 대중매체를 이용한 각종 법회를 개최하여 불교의식에 사용되는 모든 음악을 전통음악에 바탕을 두고 새롭게 창작·보급함으로써 불교음악의 올바른 자리매김을 하고 아울러 새로운 불교운동의 시발점이 되기를 기대했던 것이다.

위대한 원효가 민중을 위해 무애가를 만들어 포교했고 강석진 또한 불음전파로 신도들의 불심이 함양되기를 기원했던 그 두 마음이 어찌 다를 수 있겠는가? 전통적인 불교음악의 맥을 이으면서도 신도들의 불심을 크게 함양해 줄 새로운 찬불가 작품들이 창작·보급되어 그동안 왜곡되어 온 불교음악의 흐름과 방향을 바로잡는 좋은 계기가 되었으면 한다.

둘째, 강석진은 1973년부터는 매년 회장기 쟁탈 중·고등학교 불교 학생 체육대회를 후원하여 청소년들의 불심 배양과 상호 친선을 도모하도록 주선하고 1976년 4월 24일에는 부산 초량동 소림사(小林寺)에서 부산불교신도회 및 제14 교구 범어사 신도회 연차 대의원 대회에서 강석진이 재선되어 단체를 이끌어 나갈 사명을 자임하였다.

그는 산속에 묻혀 세상과 동떨어진 불교에서 벗어나 생활화와 사회화를 통해 변화를 이끌어 갔다. 그동안 원활하게 이루어지지 못했던 교육 사업에 주력하여 청년 신도들을 끌어들여 대중불교에 보다 집중할 계획이었다. 그들이 법문을 통해 참회와 감사의 마음을 스스로 깨닫도록 가르쳐 한국불교 발전에 앞장서는 지도자로 또는 불자로 키우려고 했던 것이다. 마침내 그의 바람은 이루어졌다.

2009년 12월 5일 『불교신문』에 "일반대학교에서 불교학을 체계적으로 공부할 수 있는 길이 열려 화제를 모으고 있다. 동명대학교에 '불교문화학과'가 설립된 것이다. 종립대학도 아닌 일반대학교에 '불교문화학과'가 설립된 것은 전국 최초의 일이다."라는 기사가 실렸다. 불교문화학과의 설립에 대하여 부산 동명대학교의 강정남 이사장은 오직 선친의 뜻에 따랐다는 것, 선친의 가르침이 곧 자신에게는 진리였다고 하면서 그 사연을 다음과 같이 설명하였다.

> 아버님이 생전에 하시려고 했던 일을 실천했을 뿐입니다. 10여 년 전부터 구상해 왔던 일인데 마음의 끈을 놓지 않고 발원했더니 드디어 이뤄졌습니다. 다행히 별 무리 없이 추진돼 내년부터 불교문화학과에서 공부하는 학생들을 만날 수 있게 돼 기쁩니다. …… 불국토를 건설하고자 했던 아버지의 가르침을 어떻게 회향해야 할 것인가를 항상 고민했었습니다. 이번 불교학과 개설을 계기로 학생들이 부처님의 품 안에서 열렬히 진리를 탐구하고 가르침을 믿고 실천해 한국불교 발전을 위한 큰 일꾼이 됐으면 합니다.

셋째, 강석진은 독실한 불교도로서 기독교의 명절인 성탄절은 공휴일이나 불교도의 명절인 '부처님 오신 날'은 그렇지 못한 데 대해 아쉬움을 느끼고 '부처님 오신 날' 공휴일 제정 운동을 벌여 100만 시민 서명운동을 전개하였다. 그리하여 정부에서는 마침내 '부처님 오신 날'을 공휴일로 지정하였다.

공휴일 제정의 경축과 통일기원 대법회 준비위원회가 결성되자 그가 대회장을 역임하였다. '부처님 오신 날' 공휴일 제정 경축을 위한 이차돈(異次頓) 연극 공연은 이차돈의 순교정신을 본받아 민족통일을 이루었던 신라의 화랑정신과 호국불교 정신을 기리게 하자는 것이었다.

그의 불교사상은 이와 같이 국난극복을 위한 순교정신이 바탕이 되어 있었던 것이다. 그는 민족사의 호국불교 전통을 현재 우리 민족이 처해 있는 분단의 상황에 적용시켜 비극적인 현실을 타개하는 지혜로 삼으려 하였다. 그러한 그의 정신은 불교에 내포되어 일신해탈을 위한 수행적 기능보다 불교사상의 역사적 맥락에서 현실문제 해결의 기능을 탐구하였다.

넷째, 강석진은 한동안 불교에 심취되어 독실한 신자생활을 하는 동안 대중의 정신마저 타락시키는 아수라와 같은 혼란 속에서 상실되어 가는 인간성을 회복하는 것이 경제발전 못지않게 중요한 일이라고 생각했다. 그는 산업사회의 도덕적 실천 명제인 인간성 회복은 불교의 대중화에 의해서만 가능하다고 보고 생활불교의 터전이 필요함을 절감하여 동명불원을 창건하였다. 이것은 그의 평소 지론인 불교의 생활화를 의미하는 것이다. 창건주 강석진은 이 큰 불사를 오직 사재를 헌납하여 이룩하였으며 온 정성을 다 바쳐 직접 설계하고 시공하였다. 창건주의 신심과 원력이 자손만대에 이르도록 전하여져 많은 중생들이 동명불원에 와서 선근(善根)을 심고 모두가 성불하기를 바라는 마음 간절하다.

신라말기 학자 최치원(崔致遠)은 일련의 불교 저술을 통하여 문장을 뜻하는 구학(口學)보다는 선법을 뜻하는 심학(心學)을 중시하고 심학을 주체로 하여 구학을 활용해야 한다고 주장했다. 그리고 유(儒)·불(佛)·선(仙)의 삼교를 아울러 받아들였지만 불교의 도가 극치라는 주장을 폈다. 아울러 실천불교를 중시하여 불교의 윤리적 실천을 강조하고 중생제도라는 불교의 사명을 높이 평가했다.[40]

현대사회에서 노정된 각 방면의 여러 가지 문제점들은 편협한 인간 위주의 사고방식에서 파생되었다. 현대사회의 문제점을 해결하는 유일한 방법은 인간을 중심으로 하는 독선적 사고에서 연유하는 것이 아니라 세상의 일체 생명을 하나로 보고 다 함께 살고자 하는 사상의 실천이 될 것이다. 불교는 모든 생명을 하나로 보는 대생명주의의 사상을 실천하는 종교이다.

20세기 위대한 과학자 알버트 아인슈타인(Albert Einstein, 1879~1955)은 이렇게 말했다. "미래의 종교는 우주적 종교가 돼야 한다. 그동안 종교는 자연세계를 부정해 왔다. 모두 절대자가 만든 것이라고만 해 왔다. 그러나 앞으로의 종교는 자연세계와 영적인 세계를 똑같이 존중한다는 생각에 기반을 둬야 한다. 자연세계와 영적인 부분의 통합이야말로 진정한 통합이기 때문이다. 나는 불교야말로 이런 내 생각과 부합한다고 본다. 만약 누군가 나에게 현대의 과학적 요구에 상응하는 종교를 꼽으라고 한다면 그것은 '불교'라고 말하고 싶다." 불교이론이야말로 현대사회에 산적한 제반 문제를 풀어 나갈 수 있는 지혜의 원천이라고 하겠다.

강석진의 실천적 삶의 자세는 행위로 깨달음을 구현하는 것이다. 불교에서 말하는 사회의 정의는 더불어 살아가는 사회에서 그 연기적 인과의 가치관을 확실히 하는 것이다. 그러므로 한 사람이 인간으로서의 자기를 인식하고 끊임없이 자신의 인격을 수행하고 종교적

---

40) 민족문학사연구소 고전문학분과 지음, 『한국고전문학작가론』, 소명(박성모), 2006, 18쪽.

이념을 위해 정진하는 목적은 사회와 타인에 대한 책임감을 구비한 인격을 완성하기 위한 공덕의 회향인 것이다.

그러므로 강석진의 사회활동은 무량공덕을 쌓는 그의 개인적 업보로 그치지 않고 후세의 귀감이 되어 우리 사회의 나아갈 길을 보여준 보살행이다. 그의 불법수행은 보편적인 산중 수련의 길이 아닌 직접 행하고 스스로 실천하여 허황한 이론적 깨달음의 추구대신 몸을 던져 이웃을 건지는 자비희사의 실행이었다.

결론

강석진의 일생은 크게 두 가지로 집약된다. 당시 한국의 대표적 기업가로서의 강석진이 기업경영을 제외한 나머지 활동내역을 살펴본다면 거의 대부분이 앞에서 말한 사회사업이었다. 그는 자신이 소유한 재산을 자신의 것으로 보지 않고 사회의 소외계층을 위해 헌신한 사회사업가로서의 인생이었다. 그는 자신의 능력으로 할 수 있는 일이면 무엇이라도 그냥 지나치지 않았다.

강석진은 종교의 본령을 사회에 대한 관심으로 보았다. 그의 종교관은 사회적 화합을 목적으로 하는 현실적 사고의 결과였다. 그는 산업사회의 도덕적 실천명제인 인간성 회복은 불교의 대중화에 의해서만 가능하다고 보았다. 그의 불교관은 승속의 구별 없이 누구나 자신의 처지에 따라 스스로 마음을 깨닫고 생활 속에서 누구나 실천할 수 있는 것이었다.

덕성여대 사학과 남동신 교수는 「원효 스님 교리논쟁 회통 불교대
중화」라는 논문을 통해 "원효는 7세기 신·구역(新·舊譯) 불교 간의
교리논쟁을 회통시키는 과정에서 화쟁과 일심사상 체계를 수립했고
이 사상을 토대로 현실에서도 실천할 수 있도록 하기 위해서 승속불
이(僧俗不二)의 거사불교를 지향했다."는 주장을 제기했다. 앞에서 살
펴본 것처럼 시대적 상황은 다르지만 생활과 현실을 직시하고 이상
과 절제가 공존하는 강석진의 불교사상 또한 원효가 지향했던 거사
불교의 표본이라고 할 수 있다.

"가진 자는 가진 것으로 남을 도와야 하며 배운 자는 배운 것으로
남을 도와야 한다." 강석진이 입버릇처럼 되뇐 이 말은 자신의 분수
에 맞춘 이타행위의 철칙으로 현실에 입각하여 상대가 필요로 하는
것을 가진 자가 자신의 소유에 집착하지 않고 나누어 줌으로써 더불
어 살아가는 숭고한 정신적 원리에서 나온 것이다. 아무리 많은 재산
을 가지고 있어도 자신만을 위해 쓴다면 그런 사람들의 인격을 다른
사람들이 존경할 이유가 없는 것이다. 자신의 능력을 자신에게만 쓰
지 않고 자기보다 못한 사람에게 베푸는 것이 자비정신이며 박애정
신이다. 무소유로 소유를 실천하고 음덕으로 이타를 베푸는 행위야말
로 군자인 것이다. 동명 강석진은 그러한 실천적인 사상의 소유자인
것이다.

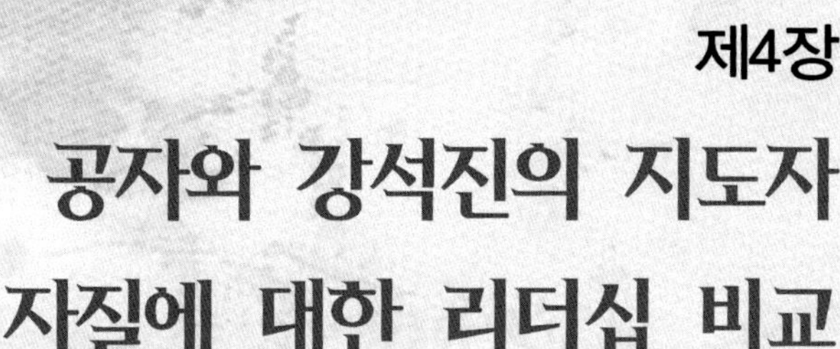

제4장

공자와 강석진의 지도자
자질에 대한 리더십 비교

〈만남의 미학〉

-법정 스님

사람과 사람 사이도 그렇다
너무 가까이서 자주 마주치다 보면
비본질적인 요소들 때문에
그 사람의 본질을 놓치기 쉽다

아무리 좋은 사이라도
늘 한데 어울려 치대다 보면
범속해 질 수밖에 없다

사람과 사람 사이는
그리움과 아쉬움이
받쳐 주어야 신선함을 지속할 수 있다

걸핏하면 전화를 걸고
자주 함께 어울리게 되면
그리움과 아쉬움이 고일 틈이 없다

습관적인 만남은
진정한 만남이 아니다
그것은 시장 바닥에서
스치고 지나감이나 다른바 없다

좋은 만남에는
향기로운 여운이 감돌아야 한다
그 향기로운 여운으로 인해
멀리 떨어져 있어도 함께 공존할 수 있다

향기로운 여운을 지니려면
주어진 시간을 값없는 일에 낭비해서는 안 된다

탐구하는 노력을 기울여 쉬지 않고
자신의 삶을 가꾸어야 한다
흙에 씨앗을 뿌려 채소를 가꾸듯이
자신의 삶을 조심조심 가꾸어 나가야 한다
그래야 만날 때 마다
새로운 향기를 주고받을 수 있다

문제제기

　최근 중국에는 '공자 붐'이 일어나고 있다. 공산주의 사상이 중국
대륙을 휩쓸면서 타도해야 할 봉건잔재로 여겨졌던 유학이 최근 화
려하게 부활하고 있다. 『논어』와 같은 대표적인 유가 경전들이 다시
사람들 손에 들려져 낭독되기 시작했으며 어릴 적부터 이런 유가 경
전들을 읽고 자라게 해야 한다는 주장들이 퍼져 나가고 있다. 중국은

왜 이처럼 유학에 대한 관심을 높이는 것일까?

후진타오(胡錦濤) 체제는 공자의 핵심 정치사상인 인정(仁政)을 추구하고 있다. 개혁개방 이후 중국 지도부는 더 이상 기존의 마르크스·레닌주의나 마오쩌둥

공자의 부활

(毛澤東) 사상만으로는 인민들을 효과적으로 통치할 수 있는 이데올로기적 설득력이 부족하다는 문제의식을 갖게 됐다는 것이다. 이러한 이데올로기의 결핍 시기에 바로 죽었던 공자에 대한 기억이 되살아나고 바로 그 공자의 유가사상에서 체제안정과 통치의 권위를 보장해 주는 이데올로기적 순기능을 발견했다는 요지다. 후진타오는 유가사상에서 빌려 온 '조화로운 사회건설'과 '사람을 근본으로 하는 통치'를 새로운 국정이념으로 내세웠다.

리더십(leadership)은 인류 역사에서 끊임없는 관심거리였다. 리더십이 인간에게 큰 관심사가 되어 온 이유는 무엇일까? 그것은 인간이 조직생활을 하기 때문이다. '강한 장수 밑에 약한 졸개 없다.'는 말이 있다. 이 격언은 조직 구성원이 리더의 행동에 따라 큰 영향을 받는다는 것을 단적으로 말해 준다. 조직의 목표달성을 위해 리더는 구성원의 특성을 잘 살피고 이들을 통합하여 시너지 효과(synergy effect)를 이끌어 내야 한다.

이러한 리더의 역할이 중요하다는 것은 수많은 역사적 사건에서 증명되고 있다. 이순신(李舜臣)이 명량해전에서 12척의 배를 이끌고 수적으로 우세했던 왜군을 무찌름으로써 수세에 몰려 있던 전황을

완전히 뒤바꿔 놓은 것은 이순신의 리더십을 알지 못하고서는 설명할 수 없는 사건이다.41) '난세에 영웅이 나온다.'는 말은 이순신의 경우처럼 조직 환경이 어려울 때 난국을 전환시킬 수 있는 리더의 리더십이 중요하다는 것을 의미한다.

또한 리더십은 가정이나 조직 그리고 기업의 국면전환 · 선회전략에 있어서도 매우 중요한 요소이며 가정이나 조직 그리고 기업의 변환과정의 효율성을 나타내는 중요한 지표가 된다. 결국 리더십이란 어떤 특수한 상황에서 한 개인이 목표달성을 위해 다른 개인이나 집단의 행위에 영향력을 행사하는 과정이다.42)

리더십의 정의는 관점과 시대사조에 따라 다양하다. 초기의 리더십은 일반적으로 집단의 목표를 달성하기 위하여 구성원들을 동기화시키고 그들에게 영향력을 행사하는 과정이라고 보았다. 다시 말하면 지도자는 집단의 성패를 좌우하는 핵심적인 인물로서 구성원은 그의 지도를 따르기만 하면 집단의 목표가 성공적으로 달성된다는 것이다. '나를 따르라(Follow me)'가 전통적 정의의 상징적 표현이다. 이를 전통적 정의라 한다.

복잡한 현상에 대한 이해가 확장되고 사회의 가치관이 민주적인 방향으로 변화함에 따라 리더십에 대한 시각에도 큰 변화가 일어났다. 이것이 현대적 입장의 리더십 정의이며 대표적인 것이 바로 변환적 리더십이다. 이는 부하를 공포나 이기적 욕심과 같은 하급 욕구를 가진 존재로 보기보다는 자유 · 평등 · 자아실현과 같은 고차원적 동

---

41) 이웅규 · 이영관, 「이순신의 리더십 분석을 통한 대학생 리더십 교육프로그램 개발방안」,
    『이순신연구논총』 제3호, 2004, 132~133쪽.
42) 이강옥 · 노언필 · 송경용, 『21C 리더십의 새로운 패러다임』, 무역경영사, 2001, 9쪽.

기를 갖는 존재로 파악하기 때문에 단순히 지시와 영향력 행사만으로 부하를 동기화시키기 어렵다고 보는 것이다. 리더십의 현대적 정의의 상징적 표현은 '다 함께 갑시다(Let's go together)'이다.

20세기 중반에 자연과학의 발달이 심리학과 사회과학에도 영향을 끼침으로써 리더십의 연구에 직접적인 관찰이 가능한 행동주의가 부각되었다. 지도자의 행동과 리더십 효과의 상관관계 연구와 또 한편으로는 지도자가 어떠한 행동을 하는 데 관한 기술적 방법연구이다. 민쯔버그(H. Mintzberg)의 관리자의 행동범주와 오하이오주립대학 (Ohio State University) 리더십 연구팀의 배려와 업무선도 연구결과 그리고 미시간대학(Michigan University)의 관계지향적 연구결과를 행동특성의 분석틀로 이용하고자 한다.

한 지도자가 분석틀로 제시한 구성요소를 모든 성격특성, 기술적·정신적 능력, 행동특성을 가진다는 것은 불가능하며 각 특성들의 어떤 조합을 가질 뿐이며 그 조합의 구성요소와 비율도 지도자에 따라 다르며 같은 조합의 특성을 가진다 해도 리더십의 효과는 다른 것이다.

「공자와 강석진의 지도자 자질에 대한 리더십 비교」에서는 중국이 죽었던 공자를 되살려 공산당 일당독재의 사회주의를 공고히 하면서 중국 사회에 만연한 황금만능주의와 이기주의를 극복해 갈 수 있을지 관심을 갖고 지켜보면서, 공자와 함께 강석진이 어떠한 지도자적 자질을 가졌는지에 초점이 집중될 것이며 공자와 강석진의 리더십을 재조명하여 현대인의 리더십 함양에 기여하고자 하는 데 있다.

1. 공자와 강석진의 지도자관과 인재육성

(1) 공자의 지도자관과 인재육성

공자는 지도자의 중요성을 특히 강조하여 한 지도자의 생사가 한 국가의 흥망에 직결된다고 했다. 공자의 지도자론은 오나라 명장 오자서(伍子胥)에 대한 견해에서 잘 나타난다. 오자서는 오나라를 강국으로 만들고 부차(夫差)가 왕위에 오르는 데 결정적 역할을 했음에도 불구하고 부차에 의해 죽었다. 오자서가 두려워서 오나라에 대한 복수를 하지 못하던 월나라는 오자서가 죽자 전 병력을 일으켜 오나라를 공격하니 오의 운명은 풍전등화 격이 되었다.

공자는 지도자의 자질을 다음과 같이 밝히고 있다. 대표적 지도자는 군자(君子)이다. "군자는 평탄하여 여유가 있고 소인은 늘 걱정스러워 한다." 그러므로 군자는 천리를 따르므로 항상 몸과 마음이 편안하고 태연하며 소인은 외물에 사역을 당하므로 근심이 많다고 지적하였다.

공자는 국가의 흥망은 인재의 등용에 달려 있으며 군자가 인재를 얻으려면 인을 통해 자기 자신을 닦아야 한다고 했다. 공자는 천하의 공통된 세 가지 덕인 지(知)·인(仁)·용(勇)을 알면 자기를 다스리고 남을 다스리고 천하를 다스릴 수 있는 군주가 될 수 있다는 것이다.

공자는 정치의 도 외에도 아홉 가지의 실천방법을 강조했다. 자신을 닦는 수신(修身), 현명한 사람을 존중하는 존현(尊賢), 친족과 친하게 지내는 친친(親親), 대신을 공경하는 경대신(敬大臣), 신하를 격려하는 체군신(體君臣), 서민을 중시하는 자서민(子庶民), 장인이 편히

일을 할 수 있게 하는 래백공(來百工), 먼 곳에서 온 사람을 화목하게 대하는 유원인(柔遠人), 제후들을 대우해 주는 회제후(懷諸侯)가 그것이라고 말했다. 공자는 자기 자신을 다스리는 것이 무엇보다도 우선해야 된다고 강조했다.

공자는 지도자 육성에도 각별한 관심이 있었는데 이는 지도자의 자질 중 가장 중요한 능력이다. 공자는 자신의 학문적 탐구는 물론 제자들 육성에도 심혈을 기울여 많은 제자를 낳았으며 그 제자들은 당시 열국의 고위관직으로 국가에 봉사하였다. 이는 22년간 제너럴 일렉트릭(General Electric) 회장을 역임한 잭 웰치(Jack Weltch)가 제너럴 일렉트릭을 세계 최고의 기업으로 육성하면서 동시에 16명의 최고 경영자를 길러 내고, 그중 한 명인 제프리 이멜트(Jeffrey R. Immelt)를 자기 후계자로 삼은 것을 공자는 일찍이 실현했다는 점에서 현대 지도자 육성론에서 시사하는 바가 크다.

공자는 어려서부터 인재를 알아보았고 청년기에 제자를 기르기 시작하여 평생을 제자 육성에 심혈을 기울였다. 10세에 정나라 자산(子産)의 유능함을 알았고 22~23세에 공자의 수제자 안회(顔回)의 아버지 안로(顔路)와 증자(曾子)의 아버지 증점(曾點)을 가르쳤고 열국을 주유하는 중에도 제자를 육성했다.

공자는 제자들에게 시(詩) · 서(書) · 예(藝) · 악(樂)을 가르쳤는데 제자가 대략 3,000명 정도였다고 한다. 이 숫자는 공자학단에 조금이라도 얼굴을 내밀고 출입했던 사람들까지 포함한 숫자일 가능성이 높다. 진짜 제자라고 할 수 있는 사람은 72명 또는 77명이라고 한다. 이들은 정식으로 공자에게 학문을 배우고 지도받은 사람들이다.

이 외에도 공자의 간접적인 제자와 그의 영향을 받은 사람은 손자인 자사(子思)를 비롯하여 맹자(孟子)·순자(荀子)·주희(朱熹) 등 국내외적으로 그 수를 헤아릴 수 없다. 비록 주로 학문적 제자에 한정되었지만 한 지도자가 이렇게 많은 지도자를 길러 내고 후세에까지 그 영향을 미친 것은 높이 평가해야 할 것이다.

자로(子路)가 노나라 포읍(蒲邑)의 재상으로 임명되어 공자에게 작별 인사를 하면서 교훈을 요청하자 공자는 강력한 힘·인내와 노력·충실성·신뢰·겸손의 다섯 가지 교훈을 남겼다. 필시 사람은 강력한 힘 없이는 스스로 목적에 도달할 수 없고 인내와 노력이 없이는 공을 세울 수 없다. 또 매사에 충실치 않으면 친한 이가 생기지 않고 한번 신뢰를 잃으면 다시 회복하기 어려우며 겸손하지 않으면 예를 잃게 되고 만다. 늘 이 다섯 가지를 명심하고 행한다면 다른 것을 구할 필요가 없다고 설명했다.

안회가 공자에게 어떻게 입신해야 하는지를 묻자 공자는 겸손·공경·충실·신뢰의 교훈을 남겼다. 겸손하면 자연히 화를 멀리할 수 있고 공경하면 자연히 남과 친해질 수 있으며 충실하면 자연히 사람들과 화목할 수 있고 신뢰성이 있으면 자연히 사람들의 신임을 얻게 되는 것이다. 이 네 가지를 굳건히 지킨다면 나라 또한 제대로 다스릴 수 있는 법이다. 안회가 "소인의 말과 군자의 말을 어떻게 식별합니까?" 하고 묻자 공자는 "군자는 행동에 근거하여 말하고 소인은 그저 입으로만 말한다."고 답하였다.

공자는 그의 학문적 성과를 사회에 실현하기 위한 방편으로 정치적 지위를 갖고자 하였다. 그리하여 그는 여러 나라를 두루 돌아다니면서 제후들을 만나는 동안에도 전국으로부터 가르침을 받기 위해 모여드는 제자들에 대한 가르침을 조금도 소홀히 하지 않았다.

가난하다거나 출생이 미천한 것은 공자에게 배우는 데 장애가 되지 않았으며 방해되는 조건은 따로 있었다. 공자는 멍청이를 가르치는 것은 거절한다고 말했고 또 지적인 개발에 정열을 불태우는 사람만을 가르치겠다고 선언하였다. 뿐만 아니라 공자는 단지 부와 지위를 얻으려는 목적뿐인 학생들과 시간을 낭비하는 것을 피하려고 노력한 것 같으며 보다 고상한 일에 관심을 가진 체하지만 초라한 옷과 거친 음식을 수치로 생각하는 사람들을 '더불어 말할 가치가 없는' 존재라고 하며 내쫓았다. 그러나 그는 "3년 동안 물질적인 보답을 생각하지 않고 공부만 하려는 사람을 찾기 어렵다."고 한탄하기도 하였다. 집이 먼 제자들은 공자의 집에서 함께 숙식하였던 것 같다.

공자 이전의 교육은 전적으로 국가가 관장하고 있었고 교육을 받을 수 있는 사람은 귀족뿐이었다. 그러나 공자는 일정한 예를 갖추고 배움을 청하는 사람이면 누구나 받아들여 가르쳤다. 따라서 공자는 중국 최초의 사립학교의 스승이었다고 할 수 있다.

제자를 가르침에 있어 공자는 언제나 친절과 공평무사로 교육의 주지를 삼았다. 아무리 과거의 행실이 잘못된 사람이라고 할지라도 진실로 뉘우치고 배움을 청하어 오면 누구도 물리치지 않았다. 특히 공자는 3,000에 이르는 제자들을 가르침에 있어 오늘날의 교육과 같이 대단위 강의실에서 획일적으로 하는 주입식 강의보다는 학생들의 자발적 노력을 강조하였으며 각각의 제자들을 개별적으로 지도하는 데 힘썼다. 여러 제자들로부터 같은 내용의 질문을 받더라도 그 질문자의 교육수준과 그가 처한 환경 상태를 고려하여 수준에 알맞게 대답해 주었다.

그러므로 제자들이 인(仁)에 대해 여러 가지 질문을 할 때에도 거기에 대한 공자의 대답은 항상 달랐던 것이다. 또한 공자는 아무리 제자라 하더라도 공경하는 마음으로 모든 학생들을 대하였으며 "후배들의 발전이 두려워할 만하다."고 하면서 언제나 후배들에 대한 기대를 저버리지 않았다. 모든 일에 있어 제자들에게 숨기는 것이 없었으며 자식을 대하는 것과 똑같은 마음으로 제자를 사랑했다. 공자가 특히 지도자의 자질로 겸손을 강조한 것은 21세기 국제적 지도자의 자질을 2500년 전에 이미 간파한 선견지명을 보인 것이다.

(2) 강석진의 지도자관과 인재육성

동명 강석진은 자신이 자수성가한 입지적 인물이었기에 가난 때문에 다하지 못한 학업에 대한 갈증을 항상 지니고 있었다. 자신처럼 돈이 없어 공부할 수 없는 불우한 아이들의 한을 매우 안타깝게 생각하였다. 또 한편으로 국가가 발전하려면 무엇보다 기술 인력이 필요한 것은 당연한 일이라고 생각하면서 국가와 사회가 요구하는 인재 육성을 위해 헌신할 것을 다짐했다. 학교를 설립하여 육영사업을 필생의 보람으로 추진한 뒤 교육계에서 인생을 마무리하고 싶었던 것이다.

그는 사람이 살아가는 데 기술의 중요성과 효용가치를 삶의 현장에서 피부로 체득한 사람이었다. 10대 어린 나이에 가구공장의 견습공으로 사회에 첫발을 내디딘 이래 부지런히 익혀 온 기술이 마침내 그로 하여금 한 나라의 기업인이 되게 하였다.

그래서 강석진은 현장의 사실적 경험을 중시하였다. 그는 실제적인 경험적 사실을 통하여 익힌 기술이나 기능이 따르지 않는 지식은 참된 뜻의 지식일 수 없다면서 기술적 지식의 중요성을 강조해 왔다. 이러한 그의 신념은 학교를 설립하되 인문계열 학교를 외면하고 기술교육 위주의 공업계 실업학교를 세운 것만 보아도 알 수 있다.

또한 인재란 높은 학력을 가진 사람만을 지칭하는 것이 아니다. 오늘날 우리 사회가 필요로 하는 사람은 기능과 기술, 직업윤리와 천직의식을 가진 바보스러울 정도로 정직성을 발휘하고 미련할 정도로 한 가지 일을 생각하며 전진하는 직업정신을 가진 자들이다. 그러므로 인재란 자기 일에 충실하고 책임을 질 줄 아는 창조적 사고와 의지를 가진 백련천마(百鍊千磨) 정신의 소유자라고 동명 강석진은 말하였다. 그의 교육 사업에 관한 정신은 1974년 부산상공회의소 회장 신년인사에서도 잘 나타나고 있다.

> 앞으로 에너지는 종전처럼 풍족하지 못할 것이다. 원자재 역시 원활하기를 바라기는 힘들다. 이렇게 제한된 여건 속에서 생산성 제고, 제품의 질적 향상 등은 기업 내 유능한 인재에 기대할 수밖에 없게 된다. 유능한 인재의 확보는 우리들 상공인의 공통된 문제로 상공인의 아량과 양보정신이 전제가 되어야 한다. 상공인 자신이 인재를 옳게 식별할 줄 알아야 하고 그 인재를 기업 수준으로 길러 내어야 하며 그 인재로 하여금 확고한 국가관과 기업관을 갖게 해야 하기 때문이다. 일찍이 경영학자들은 '기업은 사람'이라 했다. 새해 아침에 우리들 상공인은 이 말을 다시 되새겨보며 국가·사회·기업이 필요로 하는 유능한 인재를 길러내는 데 힘쓰도록 해야겠다.

1970년대 후반기 우리나라는 단지 숙명적인 빈곤에서 벗어난 상황이었다. 이러한 시대적 배경과 사회적 상황에서 설립된 동명문화학원이 인재를 양성하되 이기적인 인간이 아닌 이타적인 인간, 소승적 자기실현이 아닌 대승적 자아실현의 높은 이상을 지닌 인간, 즉 조국의 번영

동명대학교 응용관

과 인류 복지증진에 공헌·봉사할 수 있는 인간형을 건학정신의 주지로 삼게 된 것은 지극히 당연한 것이라 할 수 있다.

강석진은 동명문화학원 건학정신을 "사람은 천부적으로 창조적 기능의 책임을 부여받았다. 이 책임을 완수하기 위해서는 지식과 기술을 갖춘 위에 근면 성실해야 한다. 내일의 조국번영과 인류 복지증진에 공헌 봉사하여 천부의 책임을 다할 수 있는 유능한 후진을 기르기 위하여 여기 동명문화학원을 설립한다."고 밝혔다.

인간은 사회적 존재다. 그러므로 나만이 아닌 남을 위하는 일 이것이 진정 나를 위하는 일이요 우리 모두를 위하는 것이라는 믿음을 가지고 작게는 나의 조국과 민족을 위하고 나아가 크게는 전 인류에 공헌 봉사할 줄 아는 유능한 인재를 길러 내겠다는 이타적·대승적 박애정신이 바로 동명 강석진이 가진 교육사상의 본질이었다.

2. 공자와 강석진의 지도자 자질로서의 성격 특성

(1) 출중한 용기 및 변화와 개혁 추구

공자는 지도자의 성격특성으로서의 용기와 결단을 강조하고 있다. 옳은 것을 보고도 하지 않는 것은 곧 용맹이 없다는 것이다. 먼저 말한 것을 실행하고 그 뒤에 말이 행동을 따르게 하는 것이다. 군자는 말은 어눌하게 하고 실행에는 민첩해야 한다고 강조했다. 계강자(季康子)가 "중유(仲由)는 정사에 종사하게 할 만합니까?" 하고 물으니 공자는 "유는 과단성이 있으니 정사에 종사하는 데 무슨 어려움이 있겠는가."라고 답하였다.

또 공자는 단순한 만용(蠻勇)을 용기로 보지 않았다. 자로(子路)가 자기의 용맹만을 믿고 삼군을 출동할 때 자기를 데리고 갈 것을 기대하면서 스승인 공자에게 누구와 함께하시겠느냐고 묻자 공자는 자로를 깨우치려는 의도에서 꾸짖으며 답했다. "맨손으로 범을 잡으려 하고 맨몸으로 강하를 건너려 하다가 죽어도 후회함이 없는 자를 나는 함께하지 않을 것이다. 나는 반드시 일에 임하여 두려워하고 도모하기를 좋아하여 성공하는 자를 데리고 갈 것이다."

지도자의 성격특성으로 사회적 환경에의 민감성, 즉 변화와 개혁을 공자는 "옛것을 잊지 않고 새것을 알면 스승(지도자)이 될 수 있다."고 강조했을 뿐만 아니라 몸소 실천했다. 공자의 변화 지향성과 개혁성의 구체적 사례를 보자.

공자가 19세에 창고를 지키고 출납을 담당하는 미관말직인 위리(委吏)가 되자마자 고참 관리들의 방해와 멸시를 무릅쓰고 부정비리를 척결하고 종전의 납세제도를 획기적으로 개혁하여 공평과세와 세금증대를 이룩했다. 51세 때 노나라 중도(中都)의 재상으로 임명되자마자 정실인사 배제, 주민생활 안정, 관혼상제의 간소화, 미풍양속 앙양에 힘써 1년도 안 되어 중도의 모습을 완전히 바꾸어 놓는 개혁을 단행했다. 이듬해 대사공(재무장관)과 대사구(법무장관)로 연이어 승진을 거듭하면서 비록 4년간의 짧은 기간이었으나 많은 정치·행정 개혁을 단행하였다.

영화 <공자 – 춘추전국시대>
(Confucius, 2010)

또한 지략가 공자는 노나라 왕에 의해 등용된 후 뛰어난 전술과 지략으로 위기에 빠졌던 노나라를 안정시키고 주변국을 위협할 정도로 강한 나라로 키워 내는 데 앞장섰다. 공자는 고위직에 오르자마자 곧바로 과감한 정치개혁의 일환으로 당시 군주보다 세력이 강한 3대 귀족 삼환(三桓)[43]을 무너뜨렸다.

또 '협곡지회(峽谷之會)'로 불리는 사건으로 친선을 다지는 회담 자리에서 수백 대의 전차를 이끌고 온 제나라의 계략을 눈치 챈 공자는 지형지물을 이용한 지략과 화끈한 외교담판으로 제나라의 계략을 무너뜨리는 것은 물론 제나라에게 잃었던 영토를 되찾는 위대한 업적을 세운다. '협곡지회' 사건에서 승리한 공로로 대재상 겸임 발령을 받자마자 임금과 신하 사이를 이간하고 내란을 수차례 사주하는 등 커다란 악을 저지른 죄로 명사이자 원로인 소정묘(少正卯)를 주살하여 국가기강을 바로잡는 과감한 정치개혁을 단행하였다.[44]

제자 중유(仲由)가 공자에게 왜 소정묘를 용서해 주지 않았는가를 물었다. 공자는 "인(仁)을 좋아하기에 불인(不仁)을 미워하고 선(善)을 보호하기에 악(惡)을 제거하는 것"이라고 분명한 어조로 대답했다. 공자가 소정묘 죽인 정당한 논리를 학자들이 이해하게 되자 즉시 모든 권력자들이 자숙해서 일체의 권력남용이 사라졌고 관료의 부정

---

43) 공자의 조국 노나라에 신흥 세도가(孟孫氏, 叔孫氏, 季孫氏)들이 왕실을 누르고 전횡을 일삼고 있었다. 공자는 기회 있을 때마다 삼환씨의 세력을 꺾고 노나라의 임금을 제자리에 올려놓으려고 애를 썼다.

44) 친위 지음, 이영화 번역, 『묵자』, 예문, 2008, 358쪽.

부패가 일소되었다. 그리하여 일반 서민의 삶에 활력이 되살아나 노나라는 대단한 속도로 발전의 기틀을 잡아 나갔다.[45]

따라서 공자의 온고지신(溫故知新)은 옛것만을 무조건 뒤돌아보는 것에 있었던 것이 아니라 오히려 새로운 것을 아는 데 있는 것이다. 새로운 것을 알고 미래를 창조하며 진보한 사회를 만들기 위한 과정으로서의 온고일 뿐이다. 그는 인간의 제도가 변화·발전한다는 것을 인정했으며 적절하고 상식에도 맞는다면 그것을 적극적으로 개변시키거나 그 변화를 받아들이려는 자세를 가졌던 것이다.

동명 강석진도 지도자의 성격특성으로서의 용기와 결단을 강조하고 있다. 어떤 일을 계획하고 도모하려 할 때 절대로 성급히 서두르는 법이 없었다. 뿐만 아니라 남의 말에 솔깃하거나 시류에 편승하는 일도 결코 없었다. 어떤 일을 해봤으면 하는 생각이 일면 오랜 시간을 두고 생각을 가다듬어 승산이 있으리라는 판단이 들면 저돌적인 추진력으로 행동하였다. 그 일이 지금 당장에는 시대적 상황이나 사회적 여건이 다소 부적합하고 난관이 있어도 앞으로의 전망이 긍정적이고 희망적이란 판단이 들면 주변의 만류도 뿌리치고 많은 비용을 들여 가면서 일을 추진시켜 나갔다.

60여만 평 대지에 5만여 평의 공장 건물은 단일 품목 생산 공장으로는 그 규모가 세계 제1위였던 남구 용당동의 동명목재 부지도 애초에는 인적이 드문 한적한 포구에 지나지 않았다. 한국전쟁 이후 복구 사업으로 목재와 합판의 수요는 날로 폭주해 나갔다. 따라서 사업이 점점 번창하여 당시 현재의 사세로는 막대한 수요를 감당하지 못할

---

45) 서정기 지음, 『공자』, 살림터, 2009, 139쪽.

것을 예측하고 거의 불모지로 버려진 포구 주변의 땅과 야산을 조금씩 늘려가기 시작하여 세계굴지의 합판 생산 공장으로 성장시킬 수 있는 터전을 마련하였던 것이다.

동명목재 생산 공장의 건물은 모두가 필요 이상으로 천장이 높게 되어 있다. 자신의 직접 설계로 세워진 공장의 천장 높이가 파격적으로 높은 것에 대해 많은 사람들이 의아하게 생각했지만 그의 생각은 다른 곳에 있었다. 모든 사업이 그러하듯 합판사업도 어느 시점에 가서는 사양(斜陽) 산업이 되지 않으리라는 보장이 없었다. 건축자재만 해도 그렇다. 앞으로 수십 년이 지나면 인간의 주거 양태도 달라지고 신소재의 개발로 새로운 건축자재의 출현에 따른 목재의 수요도 변하게 될 것이라고 판단하였다. 동명목재에서 수입하는 원목은 대개가 동남아시아 그 중에서도 인도네시아 원목이 주류를 이루었다. 당시 국지적 분쟁으로 인한 두 차례의 석유파동46)은 마침내 자원의 무기화란 인식이 높아져 원자재 값의 폭동과 수입물량의 감소 등은 결국 합판산업의 사양화를 재촉하기 시작하였다.

강석진이 예견한 사실이 현실로 다가오기 시작하였다. 이러한 사실을 예견했던 그는 그때를 대비하여 혹시 사양 산업으로 공장의 문을 닫게 되는 날이 오면 기존 시설물과 건물의 용도를 신속히 전환시켜야 한다고 생각했다. 동명목재는 부산항 동남쪽에 위치하여 지리적 여건상 수출입의 증대로 물동량이 불어나게 되면 그만큼 보세장치로

---

46) 1973~1974년과 1978~1980년의 1 · 2차에 걸친 국제석유 가격의 급상승과 그 결과로 나타난 석유소비국들을 중심으로 한 세계의 경제적 위기와 혼란을 총칭하는 말이다. 수출산업 중심으로 성장해 오던 한국경제도 큰 타격을 입게 되었는데 오일쇼크 기간 동안 물가의 급등, 수출신장의 둔화, 무역수지 악화, 경기의 후퇴 및 실업증대 등의 현상이 나타났다.

서의 물품보관 창고가 필요하다고 생각하였다. 그럴 때가 되면 공장 내의 기계 시설물을 제거하면 그대로 손색없는 창고로 전용할 수 있을 것이라고 생각하고 남들에게는 턱없이 높게만 보인 공장 건물을 세웠던 것이다.

원목을 공장으로 이동하는 것도 중장비를 이용하여 원목을 옮기지 않고 바다에 띄워 원목을 운하식으로 수로를 통해 공장까지 이동시키므로 나무가 물에 불어 쉽게 깎이도록 하였다. 그래서 합판공장을 내륙보다 바다와 인접한 곳에 세웠던 것이다. 이와 같이 강석진은 시간이나 인력의 낭비가 없도록 매사를 치밀한 계획 아래 실행하였다. 동명목재의 영광은 모든 것이 그의 치밀한 계획성에 의한 것이었다.

예사 사람으로는 도저히 생각할 수 없는 앞날의 일을 그는 훤히 꿰뚫어 내다볼 줄 아는 사람이었다. 이와 같이 그는 매사를 임기응변식의 대처로 일을 해 나가는 것이 아니라 10년 혹은 20년 아니 더 먼 미래를 내다보고 장기적인 안목에서 사업을 경영해 나가는 사람으로서 먼 앞날을 내다볼 줄 아는 선견지명을 가진 사람이었다.

따라서 공자가 온고지신을 통해 이루고자 했던 목적이 옛것을 뒤돌아보고 새로운 것을 알고 미래를 창조하여 진보한 사회를 만들기 위한 과정이었다면, 강석진도 앞날을 꿰뚫어 내다볼 줄 알았고 더 먼 미래를 내다보고 변화를 받아들이며 기업을 경영해 나갔던 것이다.

(2) 탁월한 상황인식 능력과 위기관리 능력

공자 35세 때 제나라 경공(景公)이 "어떻게 해야 나라를 부강하게 만들 수 있겠느냐?"고 물었을 때 그의 예리한 상황인식과 적응력은 섬광을 발했다. 절약, 공평한 정치, 현명한 인재의 발굴과 적재적소 등용, 공정한 법 집행, 명령의 엄격한 준수, 신하에 대한 신뢰감 주기 등의 방안을 제시하였다. 가뭄으로 인한 백성들의 굶주림의 해결책으로 부역 면제, 토목공사 삼가, 가축 도살 금지, 제사의 간소화, 부족한 곡물의 수입과 반값 방출, 국가와 부유한 관리들의 창고에서 곡물을 방출하여 굶주린 백성에게 나눠 주게 하였다. 가뭄의 재발을 방지하기 위해서 군주는 치수에 계속적으로 관심을 가지고 힘을 써야 한다고 강조하였다.

공자는 제나라 체류 8년 만인 44세에 제나라를 떠나는 과정에서도 상황의 흐름을 정확히 읽을 줄 아는 예리함이 돋보였다. 『공자가어(孔子家語)』의 「치은(致恩)」편에 의하면, 그가 제나라에 있을 때 임금 경공과 대부 고소자(高昭子)는 그를 성심껏 대우했으나 다른 대부들은 그를 가까이하지 않는다는 것을 알고 제나라를 떠나기로 결심했다. 임금이 그동안의 가르침에 대한 녹으로 품구란 지역을 식읍(食邑)으로 공자에게 하사했으나 그는 단호히 거절하고 조용히 제나라를 떠났다.

공자는 위기극복 능력도 탁월했다. 공자는 초나라로 가기 위해 진나라와 채나라 국경에 이르렀을 때 일행은 도중에 오나라와 초나라의 병사들에게 잡혀 진퇴양난의 지경에 이르렀다. 진나라와 채나라 사이의 광야에서 가져온 양식도 다 떨어져 굶주림에 지쳐 따르는 자가 병들어 일어나지 못하니 자로가 공자를 뵙고 불평하기를 "군자도 역시 궁함이 있습니까?" 하니 "군자는 진실로 궁한 것이니 소인은 궁하면 그릇된 일이라도 하게 된다."고 하였다. 군자는 어려움에 처하면 의연하게 대처하지만 소인은 허둥대어 더 미궁으로 빠져 어려움에서 헤어나지 못하고 더 큰일을 저지른다는 의미였다. 이렇게 공자는 여러 번 예상치 못한 돌발 사태에 처했을 때 당황하거나 허둥대는 모습을 보이지 않고 침착하게 위기를 극복했다.

강석진은 일제 강점기에 살던 집을 헐고 괜찮은 집을 한 채 지었다. 그때 이웃에 사는 일본인이 그를 탈세혐의로 꾸미어 해당 기관에 고발한 것이다. 그것 때문에 경찰서에 연행되어 얼마간 구류(拘留)된 일이 있었다.

이른 아침에 대문을 두드리는 요란한 소리와 함께 형사들이 그를 연행하려 하였다. 그는 침착하게 형사로부터 혐의의 대강을 들은 다음, 갑작스런 사태에 놀라 어찌할 바를 모르고 있는 아내를 향하여 별것 아니니 걱정하지 말고 아침상을 얼른 차리라고 하고 태연히 앉아 식사를 했던 것이다.

그는 당시의 일을 회상하면서 "범에 물려 가도 정신만 차리면 산다고 했지. 나도 정신을 차리려면 배가 든든해야 한다. 그래서 밥을 먹었지. 잡혀가는 처지에 두려워하거나 당황하는 모습을 보이지 않는다면 상대방도 심정적으로 죄가 없는 사람이구나 하는 생각을 가지게 되고 사람을 다루는 태도가 한결 유해지고 공손한 법이다. 그리고 조선 사람의 당당함도 보여 주고 싶었다."고 말하였다.

처변불경(處變不驚)이란 말이 있다. 어떠한 급박한 상황에 놓였을지라도 놀라거나 마음의 동요를 일으키지 않는다는 말이다. 1980년 5월 어이없게도 반사회적 악덕 기업인이란 누명을 쓰고 고초를 당할 때도 서슬이 시퍼런 군부의 심문관 앞에서도 끝까지 기세와 위압에 눌리지 않고 시종 일관되게 그 부당성과 터무니없음을 역설하면서 자신의 정당한 주장을 굽히지 않았다.

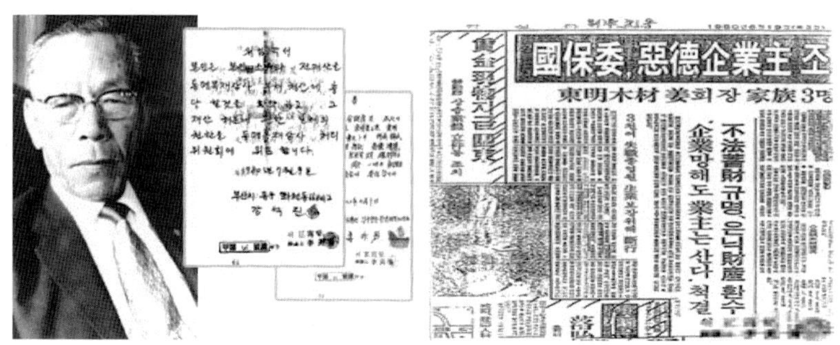

동명목재 강탈사건 당시 포기각서와 언론보도

　이처럼 그는 비굴하지 않고 당당하게 꺾일지언정 휘어질 줄 모르는 기개와 기상을 가진 사람이었다. 그는 동명목재와 함께 한평생 쌓아 올린 부와 명예를 송두리째 빼앗기는 비운을 맞은 것이다. 그러나 참고 견디어 나갔다. 참는 것이 이기는 것임을 잘 알고 있는 그였기 때문이다. '忍耐 百忍堂中有太和'의 글귀를 수도 없이 써 왔고 또 그것을 삶의 길잡이로 삼아 온 그였다. 그가 가장 안타까이 여기는 것은 그 많던 재산을 빼앗긴 것이 아니라 반사회적 악덕 기업인이라는 누명을 쓰게 된 것이다.

　그러나 그는 이 모든 것을 참고 견디어 냄으로써 마음의 평정을 찾으려 하였고 사필귀정으로 그 언젠가는 진실이 밝혀지리라는 믿음을 버리지 않았다. 결국 1980년 신군부에 의해 악덕 기업인으로 몰려 재산을 강탈당했다가 28년 만인 2008년 10월에 진실화해를위한과거사정리위원회(眞實·和解爲過去史整理委員會)에 의해 명예를 회복하였다. 그는 진실로 꺾일지언정 휘어질 줄 모르는 백절불굴의 강인한 정신을 가진 사람이었다.

(3) 신뢰성: 정직성과 공정성

지도자는 정직성과 공정성이 결여되면 신뢰를 잃는다고 공자는 역설했다. 자공(子貢)이 정치에 관해서 묻자 공자는 "훌륭한 정부란 충분한 식량과 무기를 갖추어야 하며 백성의 신뢰를 받아야 한다."고 대답했다. "만약 부득이 삼자 중 하나를 빼야 한다면 무엇부터 빼야 합니까? 무기를 빼라. 또 부득이 남은 두 개 중 하나를 빼야 한다면 무엇을 먼저 빼야 합니까? 식량을 빼라. 예로부터 백성이 신뢰하지 않는 정부는 지탱하지 못한다." 이는 당시의 봉건적 사회질서 속에서 경시되던 민(民)을 정치의 근본으로 간주함으로써 당시의 질서구조에 개혁을 가하였다.

노나라 애공(哀公)이 "어떻게 하면 백성이 복종합니까?" 하고 묻자 "정직한 사람을 들어 쓰고 굽은 사람을 모두 버려두면 백성들이 복종하며 굽은 사람을 들어 쓰고 모든 정직한 사람을 버려두면 백성들이 복종하지 않는다."[47]고 답하였다.

공자는 여러 나라를 방황한 후 귀국하여 원로 대우를 받고 있는 동안 오나라 왕 부차의 주선으로 노·진·위·제 등 5개국 우호회맹에 노나라 애공이 공자에게 보좌해 줄 것을 권했으나 은퇴한 신분임을 들어 불가능함을 말하고 숙손주구(叔孫州仇)를 먼저 천거하였다. 숙손주구는 왕에게 자기는 적임자가 아님을 진언하고 언변과 외교술이 뛰어난 자공을 다시 천거하였다. 이에 자공을 숙손주구의 부상(副相)으로 임명하여 일을 처리하게 하였다.

공자는 원로로 막강한 영향력을 행사할 수 있었으나 인맥·연줄·인

수직과 직각으로 지어진 건물

연 등에 연연하여 단순히 자신의 제자를 벼슬에 앉히기 위해 제자를 천거하지 않았으며 일의 성격과 정도에 따라 정확한 판단하에 가장 적합하다고 판단되는 사람을 추천하는 공정함을 보여 줌으로써 신뢰를 받았다.

정직이란 곧음이다. 나무와 평생을 더불어 살아온 동명 강석진은 비뚤어지고 휜 목재는 아무런 쓸모가 없다는 것을 일찍부터 알고 있었다. 불제자인 그는 부처님의 32상(相)과 80수형호(隨形好)의 하나인 가슴의 卍 자의 직각에서 '정심(正心)'을 깨닫게 된 것이다. 비뚤어지고 휨은 왜곡이요 굴절이다. 그러므로 정직은 불굴의 강인한 의지와 정신의 표상으로 그 어떤 경우에도 소신과 신념에 일관할 수 있는 강직함을 낳게 하는 법이다. 그는 각종 건축 구조물을 설계·제작하되 휘고 구부러진 곡선적인 형태보다 우직하리만큼 단조롭기 그지없는 수직과 직각을 고집하였다. 집을 짓거나 공장의 기계를 설치할 때도 무게와 크기·위치 등을 면밀하게 계산하여 어느 한쪽에도 치우치는 경우가 없도록 하였다.

강석진의 기업정신은 정직성에 바탕을 둔 것이었다. 기업인이 고객을 속이는 것은 자신을 속이는 일이며 자신을 속이는 것은 정직하지 못한 행위라는 것을 언제나 잊지 않았다. 그는 자신을 속이고 소비자를 속이는 기업인은 일개 몰염치한 장사꾼에 지나지 않는다고 생각하였다. 인류 역사상 가장 창의적이고 위대한 빛을 남긴 인물들은 모두 정직한 사람들이었으므로 그들이 남긴 질서의식과 창의성도 그 원천은 정직성에 있다고 말하였다.

신의란 다른 사람으로 하여금 나를 믿을 수 있게 함과 동시에 나 또한 남을 믿는다는 의리이다. 그는 사람을 쓰되 함부로 쓰지 않았고 일단 일을 맡기면 그 사람이 하는 일에 부질없는 참견이나 간여를 하지 않았다. 사람을 의심하거든 쓰지 말고 사람을 쓰거든 의심치 말라는 뜻인 '의인막용 용인막의(疑人莫用 用人莫疑)'의 가르침을 익히 알고 있었다. 이는 남이 나를 인정해 주고 믿어 준다는 확실한 신념을 가질 때 사람은 그 보답으로 철저한 책임감과 사명감을 가지고 성심성의를 다한다는 평범한 진리를 오랜 삶의 체험에서 몸소 익혀 왔던 것이다.

그는 회사에서도 항상 정직을 강조하였다. 스스로 정직한 마음을 가지지 않으면 모든 사물과 사태를 정확하게 분석·평가할 수 없기 때문에 기술자에게는 정직한 마음이 가장 중요하다고 말하였다. 제품의 품질로 회사의 신용을 지킨다는 철칙이 바로 동명목재의 사풍(社風)이었다. 동명목재의 기술적인 발전은 바로 이러한 신용을 바탕으로 이루어진 것이었다. 그러나 그의 정직한 기업경영 방식은 단지 신용의 확보에만 그치지 않았다.

그의 사업방식은 제품과 기업의 신용에 앞서서 고객을 보호하는 차원에까지 나아갔다. 우선 회사와 거래하는 모든 고객들에게 어음을 발행하지 않았다. 언제나 현금결제를 원칙으로 하였다. 설비시설이나 제품구입 등에 있어 어음을 발행한 적이 없는 그의 경영원칙은 어음이나 물품대금을 지급할 경우 납품업체의 자금 사정을 약화시키는 것은 물론 가격을 높이거나 불량품을 납품할 가능성을 높인다는 생각에서였다.

55년 기업의 역사를 통틀어 단 한 번도 어음을 발행한 적이 없는 강석진 회장의 경영방식은 타 회사와 비교하여 전례가 없는 참신한 경영이었다. 그는 대리점과 방계회사·하청업체의 자금난까지 염두에 두고 철저한 양심적 기업경영을 실행하였다. 그의 선진적 사고방식과 경영철학은 실로 시대를 뛰어넘는 선구자적인 면이 있었다. 어음으로 거래업체의 납품 대금을 지급하고 축적한 대규모의 자금을 이용하여 경쟁력이 없는 중소업체의 영역까지 잠식하는 최근 대기업의 문어발식 경영방식과 비교해 보면 지난날 강석진의 기업경영 방식은 공동선을 위한 노력으로 사회 전체가 모두 이익 되게 만드는 것을 최우선 가치로 설정했던 윤리경영이었다.

(4) 겸손과 관용

제임스 콜린스(James Collins)는 위대한 지도자의 공통점으로 첫째는 겸손함, 둘째는 끊임없는 자기반성, 셋째는 추진력을 꼽았다. 그는 위대한 기업을 일군 위대한 지도자는 단순히 좋은 지도자와 달리 매우 겸손했다고 지적하였다.

공자의 중심 사상인 인(仁)은 사회생활을 하는 인간에게 '베풂'과 '나눔'의 정신에 바탕을 두고 있다. 공자의 제자인 번지(樊遲)가 인에 대해 물었을 때 공자는 "사람을 사랑하는 것이다."라고 말했다. 인의 기본적인 의미는 타인에 대하여 절실한 사랑을 베푸는 것이다. 다른 사람에게 친근하게 대하고 정을 베풀며 자신의 맡은 일에 최선을 다하고 스스로 독립된 인격자로 책임질 줄 알아야 한다는 것이다.

공자는 스스로 천재도 성인도 아니며 오직 성인의 글을 좋아하여 연구와 공부에 힘을 다한다면서 스스로 낮추기를 잊지 않는 겸손함을 보였다. 『논어(論語)』의 「자하(子夏)」편에 의하면 "내가 아는 것이 있느냐? 아는 것이 없다. 그러나 어리석은 사람이 나에게 물으면 내 비록 아무것도 모른다 할지라도 그 말의 앞뒤를 짚어 성의껏 가르친다."고 말하였다. 공자는 남의 물음에 반문하는 방법을 통해 그 의문점을 똑똑히 짚어 내며 자연스럽게 문제를 해결했던 것이다. 공자의 이와 같은 방법은 실로 탁월하면서도 동시에 공자의 겸손성을 나타내는 것이라고 본다.[48]

『논어』에서 공자가 가장 강조한 덕목은 겸손과 관용일 것이다. 공자는 불의에 굽히지 않고 고난을 태연하게 견디며 소박한 생활을 하고 말이 많지 않고 신중한 것을 인에 가까운 상태라고 정의했다. "군자는 자신의 말이 행동보다 지나침을 부끄럽게 여기노라." 말이 행동보다 앞서면 실천력이 떨어진다. 군자는 자신의 말이 행동보다 앞서가지 않도록 항상 신경을 써야 한다는 뜻이다. "윗자리에 있는 사람이 예를 좋아하면 아랫사람들을 부리기가 좋으니라." 예를 좋아한다는 것은 질서와 도덕을 지킨다는 뜻이다. 즉 높은 사람이 솔선수범해야 아랫사람이 따라온다는 뜻이다.

공자는 항상 윗사람에게는 공경하는 마음을 아랫사람에게는 사랑하는 태도를 가져야 한다고 말하였다. 또 친구를 사귈 때는 사람을 볼 줄 아는 안목이 요구되는데 뜻이 맞는 사람을 사귀고 글로 사귀는 것이 바람직하다고 했다. 공자는 이러한 인간관계에 있어서 기본적으로 중요한 것은 자기를 낮추고 남을 높이며 자기에게는 엄격하고 남

---

48) 공건 지음, 이원길 번역, 『CEO공자 1』, 신원문화사, 2006, 252쪽.

에게는 관대한 자세를 갖는 것이라고 했다. 이러한 공자의 말씀은 비록 그것이 상하의 질서가 엄격한 봉건시대라는 역사적 문맥에서 나온 것이라는 것을 감안할 필요가 있겠지만 사람을 대하는 자세와 사귀는 도리를 일러 주는 그의 발언은 오늘날에도 많은 교훈을 준다.

최근 섬김 리더십이 새로운 리더십으로 등장하여 관심을 끌고 있다. 섬김 리더십이란 '리더가 섬김을 받으려 하지 않고 겸손하게 솔선수범함으로써 남을 섬기는 태도로 낮아지는 것'을 말한다. 따라서 섬김 리더십이란 타인을 위한 봉사에 초점을 두고 종업원·고객·조직을 우선으로 여기며 그들의 욕구를 만족시키기 위해 헌신하는 리더십이다. 또한 섬기는 리더는 다른 사람을 지배하고 군림하는 상사가 아니라 섬기고 봉사하는 지도자를 말한다.

섬기는 리더 강석진은 1978년 동명목재상사 신년 하례사(賀禮使)에서 "사람이 돈 좀 벌었다고 성공했다면서 오만해져서는 안 된다."고 말하고 이재(理財)에 성공한 사람이 사람다운 대접을 받으려면 마치 알찬 이삭이 고개를 숙이듯 겸양과 보시의 미덕을 잃지 말아야 한다고 강조하였다.

당시 부산에는 교직자들을 대상으로 연차적인 새마을교육이 실시되었다. 1970년대 초 당시 강석진이 경영하는 동명목재상사는 자타가 공인하는 한국의 대표적인 수출기업으로 지역경제는 물론 한국의 고도성장에 공헌이 지대하였으므로 회사 최고 경영자가 보는 새마을운동과 대기업을 일군 그의 남다른 지론이나 경륜 등을 경청하기 위해 많은 교사들은 좌정한 채 호기심을 갖고 기다리고 있었다.

그는 원고도 없이 연설 첫머리에 "저는 제대로 배우지 못했지만 나라가 부강하기 위해서는 후세 교육에 관심을 가지지 않으면 안 된다는 생각을 갖고 있습니다. 그러므로 자라는 청소년들을 가르치는 선생님들을 저는 언제나 존경하고 있습니다."라고 하면서 가벼운 미소를 띠며 고개를 숙여 인사를 하지 않는가.[49] 그때 교사들은 그의 겸손한 행동에 탄복하였다고 한다.

그는 무슨 일을 맡든 자기가 담당한 책무는 누구보다도 성실히 열정을 다하는 성격이었다. 그는 "어떤 일을 맡았을 때 나에게 돌아오는 이익을 생각하여 손해 볼 일은 피하고 적당히 요령만 추구한다면 그 사람은 사업가이기 이전에 한 사람의 소인배에 지나지 않는다. 장사하여 이익을 보는 사람은 막상 책임을 맡았을 때는 손익을 생각하지 않고 약속을 지키고 의무를 다하여야 한다. 이러한 생각은 상인이기 이전에 인간으로서의 기본적인 정신이다. 사업하는 사람도 먼저 인간이 되고 군자의 도를 따라야 한다."고 하였다.

강석진은 매사를 처리하는 데 있어 균형의 원리를 강조하였다. 사람과의 관계도 어느 한쪽에 치우쳐서도 안 되고 항상 양쪽의 경우를 염두에 두고 처신하였다. 거래를 할 때도 자기의 입장만을 주장하거나 개인적인 친소 관계만을 따져서 어느 한쪽을 일방적으로 유리하게 해 주는 것을 싫어하였다. 예를 들면 회사의 이익만을 내세워 직매장과 유리한 거래처에 일방적인 편의를 제공하는 일은 하지 않았다. 직매장이 살아야 회사가 살고 불리한 거래처도 언젠가는 이익을 남길 수 있는 거래처가 될 수 있기 때문이다. 당장은 조금 어렵고 힘들더라도 모든 분야에 고루 신경을 써 주어야만 희망이 있는 법이라는 것을 강조하였다.

---

49) 박태륜, 「비룡산 기슭에 서린 육영의 혼」, 『동명문집』 6집, 206~207쪽.

3. 공자와 강석진의 지도자 자질로서의 정신적·기술적 능력

(1) 탁월한 개념적 기술, 뛰어난 총명성, 창의성

　공자는 어릴 때부터 영특함이 남달랐고 재능이나 학식 역시 누구와 비교할 수 없을 정도로 뛰어난 인물이었다. 공자는 빈천한 환경에서 성장하였으며 어렸을 때의 가난한 생활 때문에 어디서 누구한테 배웠다는 일정한 스승이 없이 독학으로 공부한 것으로 되어 있다. 공자는 어머니 슬하에서 비교적 엄격하게 자라면서 비록 일정한 스승은 없었지만 '옛것을 좋아하여 부지런히 그것을 익힌 사람'이라고 스스로 말하고 있다.[50]

　집이 가난했던 공자는 학교에서 학문을 배울 기회를 얻지 못했다. 그는 일상생활 속에서 또는 사람들과의 사귐을 통해 학문의 이치를 터득해 나갔다. 이른바 경험철학이 공자 사상의 토대를 형성하고 있었다. 이런 와중에 공자에게 책을 가까이할 수 있는 행운이 찾아온다. 15세 때 노나라의 권력자였던 숙손씨(叔孫氏)의 집안 아이들과 일꾼들을 가까이할 기회가 생겼다. 그들과 함께 산에 다니며 소를 기르는 것을 도와주면서 숙손씨 집에 쌓여 있는 책들을 빌려 보았다. 책을 가까이하면서 공자의 학문세계는 점점 영역을 넓혀 갈 수 있었다.

　또한 공자는 당시의 권력가인 중손씨(仲孫氏)의 가신이 되어 재정과 창고를 관리하게 된다. 남보다 뛰어난 두뇌로 수학을 잘하여 복잡한 장부 관리를 일목요연하게 처리함으로써 주위에 있는 모든 사람들은 그의 재주에 감탄하였다. 이렇게 인정을 받은 공자는 이번에는

---

50) 이명권 지음, 『공자와 예수에게 길을 묻다』, 코나투스, 2008, 24쪽.

가축을 관리하는 총책임자로 임명을 받는다. 그러자 공자는 어린 시절 가축을 길러 보았던 경험을 살려 가축의 성질에 따라 기르고 보살피니 가축들이 모두 살찌고 많은 번식을 하였다. 어린 시절에 막일을 마다하지 않고 했던 경험이 삶의 현장에서 소중한 지혜를 공급해 주었다.

그는 배운 것을 모조리 소화했으며 배우기 위해서라면 물불을 가리지 않았다고 한다. 어릴 때 시골 글방에서 공부를 조금 한 것으로 추측되고 예(禮)는 노담(老聃), 음악은 장홍(萇弘), 벼슬의 도리는 담자(郯子)에게 얼마간 지도를 받았을 뿐이라고 한다. 이렇게 비공식적 교육을 통해서도 당대 최고의 학문적 경지에 올랐다는 것은 그의 총명성을 입증하고도 남는다.

공자는 보고 듣는 일에 남달리 영특하여 어머니의 말을 잘 알아듣고 주위에서 일어나는 일들을 예사로 넘기지 않았다. 공자는 겨우 10살 때 자기가 평소에 존경하는 정나라의 유능한 정치가 자산(子産)이 어른들에 의해 성미가 난폭하다고 비난받는 것을 잠자코 듣고 있다가 어른들이 잘못 알고 있다고 하면서 자산의 정치가로서의 성실함을 누누이 설명하였다. 그때 어른들은 그의 영특함과 식견에 탄복하였다고 한다.

최초의 공직인 위리에 임명되었을 때 납세제도의 개혁과 생소한 업무처리 방법에도 그의 창의성은 돋보였다. 그리고 중도에서 재상과 대사공·대사구의 겸직 기간이 4년밖에 되지 않았으나 남들이 시도하지 않았던 일들을 시도하여 국정쇄신을 이룩함으로써 그의 뛰어난 창의성을 입증하였다.

강석진의 통찰력과 선견지명이 예리하고 정확한 것은 그가 남달리 영민하고 명석하였기 때문이다. 그도 공자의 어린 시절처럼 가세가 곤궁하여 크게 배우지 못하였다. 훈장이었던 아버지로부터 한학을 배웠다고 하나 아직 어린 나이였고, 살아가면서 어깨너머로 배우고 익힌 글과 지식이라 체계적 지식이 온전할 수가 없었다.

일찍이 그가 가구공장 점원이던 시절 지금의 성남초등학교에서 주문받은 물품을 납품하러 여러 차례 간 적이 있는데 그때의 일본인 교장이 그의 총기를 눈여겨보게 된 것이 인연이 되어 일본인 교장으로부터 많은 가르침을 배울 수 있었다. 이후 그는 시간을 쪼개어 혼자서 글을 익히고 글씨 쓰기를 게을리하지 않았다.

그는 60만 평의 넓은 부지 위에 세워진 5만 평에 이르는 동명목재상사의 각종 건물과 내부 상황 그리고 생산라인이 어떻게 배치되어 있고 어떻게 돌아가고 있는가를 속속들이 알고 있었다. 가령 합판 생산 제1공장의 어느 건물에서 작업의 진척 상황은 어디까지 나가고 있는가를 소상히 파악하고 있었다. 이것은 수시로 올라오는 보고서를 통해서 알고 있는 것이 아니라 자신이 직접 생산 현장을 한 바퀴 돌아보는 것만으로도 충분히 파악하였다. 그의 이러한 지적에 담당자는 그저 놀랄 뿐이었다고 한다. 그만큼 그의 지적은 정확하였던 것이다. 그의 듣는 귀는 밝았고 보는 눈은 분명했다. 결재를 하지 않고도 어떤 제품은 언제까지 작업이 완료되고 이번의 수출물량은 얼마며 수출품의 선적 마감일과 배의 출항 예정일까지도 빈틈없이 파악하고 있는 사람이었다. 다시 말하면 강석진 회장은 참으로 총명한 사람이었다.

강석진의 경영철학에서 연구·개발의 정신을 빼놓을 수 없다. 끊임없는 연구로 제품의 품질 향상을 꾀하면서도 신소재의 발굴로 새

로운 기술과 공법에 의한 신상품을 만들어 내기 위한 연구와 투자를
아끼지 않았다.

　일례로 합판 제작에서 가장 요긴한 것의 하나가 접착제다. 당시 합
판 제작용 접착제는 화공약품으로 만들어졌는데 특유의 약품 냄새
때문에 여러 가지 문제점을 안고 있었다. 그는 이러한 문제점을 해소
하기 위하여 연구진에 보다 완벽한 접착제 개발을 독려한 결과 콩과
밀가루를 합성한 새로운 접착제 '콩풀'을 개발하게 되었다.

　또 제품을 만드는 과정에서 생겨나는 못 쓰는 자투리 토막, 판자,
조각나무, 껍질 등의 폐기물들을 활용하여 자원화하고자 하는 마음으
로 연구를 거듭하여 '파티클 보드(particle board)'란 신상품의 개발에
성공을 거둔 것이다. 그의 끊임없는 연구·개발의 결과는 값비싼 원
자재를 버리지 않고 최대한으로 활용함으로써 자원의 낭비를 막을

설계하는 모습

수 있을 뿐만 아니라 원가 절감으로 부가가치를 높일 수 있는 여러
가지 이점을 동시에 안겨 주게 되었다.

백련천마(百鍊千磨) 이것은 강석진이 평소 즐겨 쓰는 글귀로 배우
고 익힌 지식과 기술을 백 번을 단련하고 천 번을 갈고닦는다는 말이
다. 배우고 익힌 것을 부지런히 갈고닦고 하다 보면 지식과 기술의
발전향상은 물론 새로운 영역에 대한 탐구욕과 기술상 독창적인 새
로운 기법을 개발하고 싶은 의욕을 낳게 하는 것이다. 이러한 그의
정신은 동명그룹의 전통이었으며 연구하는 기업만이 경쟁에서 이길
수 있다는 신화를 창조한 근본정신이었다.

어려운 환경에 처한 사람들에게 공자와 강석진의 진솔한 인생고백
은 사막의 오아시스처럼 희망을 샘솟게 한다. 어린 시절뿐만 아니라
치열한 삶의 현장에서 고난의 강을 건너는 모든 사람들에게 공자의
'내가 젊었을 때 미천하였기에 비천한 일을 할 줄 아는 것이 많다(吾
少也賤 故多能鄙事)'라는 이 말은 희망이 될 수 있으리라. 공자는 자
신이 다재다능한 이유를 불우한 환경에서 찾고 있다. 어려서 천하게
자라다 보니 이것저것 가리지 않고 많은 경험을 하게 되어 재능과 지
혜가 생겼다고 설명한다.

공자와 강석진은 불우한 어린 시절을 겪었기에 겸손하고 감사하며
섬기는 마음을 가질 수 있었다. 인간은 주어진 상황이나 환경을 바꿀
수는 없다. 좋은 환경이든 나쁜 환경이든 그것은 운명일 수밖에 없기
때문이다. 그렇지만 인간이 상황에 대응하는 능력은 사람마다 다르
다. 어떤 사람은 재벌 2세로 태어났다는 이유 하나로 온갖 부와 영예
를 누리는가 하면 어떤 사람은 가난한 집에 태어나 험난한 인생의 파
고를 헤쳐 가야 하는 운명에 처하기도 한다. 문제는 상황에 대응하는

능력이다. 공자와 강석진은 나쁜 환경을 탓하지 않고 오히려 적극적으로 대응함으로써 개인적인 성장과 성숙의 발판으로 삼았다. 자신에게 운명처럼 몰아닥치는 천한 일들을 불평하지 않고 최선을 다함으로써 자신도 모르는 사이 지도자로서 갖춰야 할 지식과 지혜가 쌓여 갔던 것이다.

(2) 이론적·실천적 지식과 현장경험 지식의 접목과 균형

공자는 학문을 연구하고 몸을 닦아(실천적 지식 습득) 나라의 살림을 바로잡는(현장경험 지식 습득) 큰 그릇이 되려는 것이 당초의 뜻이었다. 즉 공자는 이론적·실천적 지식과 현장경험 지식(실무 지식)의 접목과 균형을 구현하려 했던 것이다.

자로가 노나라 포읍의 재상으로 임명되어 떠나게 되자 공자는 자로에게 구체적인 행정실무에 관하여 상세하게 지도를 해 주었다. 비록 하나의 읍을 다스리는 재상의 자리라 해도 쉽게 생각해서는 안 된다. 치적의 평가는 노나라에서는 말할 것도 없고 다른 나라에까지도 퍼져 나가게 마련이다. 또 관리이건 일반 백성이건 너를 부모처럼 공경하고 따르도록 해야 한다. 쉽사리 형벌을 남용하며 사사로운 이익이나 개인의 감정을 개입시키고 세금을 착취하는 등의 행위로 인해 백성의 원성을 사는 일은 절대적으로 있어서는 안 되는 일이다.

행정을 할 때 가장 염두에 두어야 할 것은 백성의 고통을 두루 알아야 하는 것이다. 수해나 가뭄의 천재지변은 반드시 미리 대비해야 하며 백성을 가족과 같이 생각해야 한다. 남녀노소, 빈부귀천을 막론하고 일률적으로 염치를 알게 하고 인의(仁義)를 깨닫게 하여라. 사농

공상이 저마다 안전하게 생업에 종사할 수 있게 하고 일하지 않고 노는 사람이 있다면 반드시 기술을 습득해 스스로 먹고살 수 있도록 해 주어야 한다. 그렇게 해서 일하지 않는 사람이 한 명도 없게 되면 행정은 그만큼 쉬워질 것이고 그로 인한 형벌도 줄어들 것이다. 공자는 부유한 사람들의 사치스러운 생활과 관혼상제에 대한 예를 고치기 위하여 생활과 장례의 교훈까지 제정·실시하였다.

공자가 노나라의 현령이 된 제자 자멸(子蔑)을 방문하여 자멸에게 업무성과 보고를 청취하는데 자멸이 "충실히 직무를 수행해 왔는데도 백성들로부터 칭찬을 들어 본 적이 없습니다. 성실함만으로는 백성들의 신망을 얻을 수 없는 것인가요?"라는 질문에 공자는 "네가 특별히 무엇을 잘못해서가 아니다. 단지 정치의 근본을 알지 못해서 너의 노력이 헛된 수고에 그친 것이다." 그리고 "관리로서 가장 관심을 가져야 할 것은 백성의 어려움이다. 수리를 잘 정비하고 세금부담을 경감하며 백성들이 풍성하게 수확해 생활이 안정될 수 있도록 해야 한다."고 하면서 교육·세금징수·치수·형벌 등에 관한 행정 및 정치 실무의 근본을 구체적으로 가르쳐 주었다. 이렇게 공자는 사법·행정·외교의 분야에서 혁혁한 공을 세웠고 노나라는 비약적인 발전을 거듭하게 되었다.

강석진은 기업정신을 연구와 기술에 근본을 두고 끊임없이 생각하고 익히는 실험가였다. 그는 항상 복수적(複數的) 사고를 가지고 모방성을 싫어했다. 먼 장래를 내다보면서 창의와 연구에 온 정신을 기울였다. 동명그룹의 모든 건축물은 양식에서부터 내부시설까지 자신이 직접 지휘·감독한 것이다. 그는 연구하지 않는 사람은 밥도 먹지 말아야 한다는 표현까지 쓰면서 연구의욕을 강조하였다.

강석진은 우수한 제품을 만
드는 것을 생명처럼 여긴 실물
경제의 대가였다. 회사 창업 당
시부터 최고의 제품을 만들기
위해 많은 노력을 했으며 또 최
고급 기계시설의 구입을 위해서
는 가격에 관계없이 과감한 투

동명목재가 생산한 여러 가지 문

자를 하였다. 최고의 정신은 노력에서 나오며 최상의 제품을 만들기
위해 최선을 다하고 최고가 된다는 신념으로 품질 제일주의를 기업
정신의 핵으로 삼았다.

좋은 상품을 만들어 내고자 부지런히 연구하고 개발하는 데 투자
와 노력을 아끼지 않았다. 동명합판이 세계적인 명성을 얻게 된 것은
전국 각처에 산재해 있는 대리점을 일일이 찾아다니면서 동명합판에
대한 일반 소비자의 경향, 즉 모양·무늬·색깔 등 의장(意匠)에 대한
기호나 취향이 어떠하며 앞으로의 추세는 어떻게 될 것인가를 일일
이 묻고 조사하여 소비자들의 의견을 수렴하고 여론의 동향에 따라
새로운 제품개발을 위한 연구와 노력을 게을리하지 않았다.

강석진의 기업경영 방법은 생산하는 제품의 품질관리를 무엇보다
도 우선시하였다. 조금이라도 하자가 있는 제품은 절대로 용납하지
않았다. 상인의 생명은 신용이며 고객과의 신용은 완전한 제품을 생
산하여 언제라도 믿고 살 수 있도록 해야 한다는 것이었다. 완전한
제품에 대한 투철한 정신은 그가 사업을 하는 동안 변함없이 지켜 온
철칙이었다.

이렇게 만들어진 상품들은 국제시장에서도 인정을 받으면서 상품

의 판로를 넓히는 데 일익을 담당하였다. 1960년 가을 미국으로부터 '합판을 수입하고 싶다.'는 요청을 받았는데 미국은 주한 미군이 사용하는 합판의 질이 좋았을 뿐만 아니라 값도 미국산에 비해 훨씬 싼 한국산 합판을 수입하려 했던 것이다. 동명목재는 수출이란 새로운 시장을 얻게 되었다. 그리하여 1961년 수출한 합판은 26만 3천 달러였다. 당시 우리나라 수출실적과 비교하면 그 비중은 엄청난 것이었다.

강석진은 장인정신(匠人精神)의 대가이다. 그는 사원들에게 일에 임하는 마음가짐과 철저한 직업정신 나아가서는 성실한 인간성까지 제시하였다. 오늘날의 현대 산업사회는 기계에 의해 표준화된 상품을 대량생산 하기 때문에 장인과 도제제도는 거의 사라져 가고 있지만 장인들의 철저한 직업정신은 오히려 오늘날 더욱 소중한 것이라고 하였다. 그는 오늘날의 진정한 기업가 정신은 창의성과 사명감을 바탕으로 자신의 모든 것을 다 바쳐 기업적 활동을 하는 직업정신이라고 했다. 또 기업인은 자신의 기업을 자신의 재산이나 소유물로 여기기보다는 기업을 통해 자아를 실현하고 사회공익을 위해 모든 것을 바치는 정신으로 일관해야 된다고 역설하였다.

공자와 강석진은 실무행정과 현장행정을 매우 중요시했다. 그들은 업무파악과 업무장악 능력이 뛰어나 업무처리에도 정확한 지시를 내릴 수 있었다. 공자와 강석진은 우선 국가의 부강을 도모하기 위해서 무엇이 가장 시급한 문제인지를 파악한 후에 그에 따른 세밀한 조사를 시행한 다음 목표와 계획을 세우고 실천방안으로 보완책과 대책을 철저히 추진하였다.

4. 공자와 강석진의 지도자 자질로서의 행동 특성

(1) 배려와 관계지향적 행동으로서의 덕치(德治)

오하이오주립대학 리더십 연구팀의 배려와 미시간대학의 리더십 연구팀의 관계지향적 행동이 덕치와 어떤 관계가 있는가를 먼저 규명하고자 한다. 배려와 관계지향적 행동은 말 그대로 남의 사정을 배려하고 좋은 인간관계를 형성하자는 것이다.

공자가 정치의 정도라고 주장하는 덕치(德治)는 법치(法治)와 대립되는 개념이다. 공자는 덕치를 "정령으로 인도하고 형벌로써 다스리면 백성들은 형벌은 면하되 염치는 모르게 된다. 덕으로써 인도하고 예로써 다스리면 백성들은 염치를 알게 되고 또 바르게 된다."라는 말로 표현하고 있다.

공자는 군자(지도자)가 덕치를 위한 덕성을 갖추기 위해서는 의로움을 이로움보다 앞세워야 하고 솔선수범해야 하고 국민의 신뢰를 얻어야 하고 말보다 행동을 앞세워야 하고 훌륭한 인재등용을 위해 인재 발굴의 혜안과 공정성을 가져야 하고 직분에 맞는 역할수행과 책임감을 가져야 한다고 했다.

공자는 정사를 덕으로 하라고 가르쳤다. 이는 지도자로서 과업지향적 행동 내지 업무선도보다 관계지향적 행동 내지 배려를 우선한 것이다. "정사를 덕으로 하면 행동하지 않아도 교화되고 말하지 않아도 믿고 하는 일이 없어도 이루어지니 지키는 것이 지극히 간략하면서도 번거로움을 제어할 수 있으며 처하는 것이 지극히 고요하면서도 움직이는 것을 제어할 수 있으며 일삼는 것이 지극히 적으면서도 여러 사람을 복종시킬 수 있는 것이다." 공자는 덕치의 필요성을 "덕으로써 정치를 하는 것은 북극성은 제자리에 있고 여러 별들이 이를 향하여 떠받드는 것과 같다."고 주장하고 있다. 이렇게 보면 공자의 덕치는 배려와 관계지향적 행동과 같은 의미를 가진 것으로 볼 수 있다.

공자는 다음과 같이 말하였다. 인도하기를 법으로 하고 가지런히 하기를 형벌로 하면 백성들이 형벌을 면할 수는 있으나 부끄러워함은 없을 것이다. 인도하기를 덕으로 하고 가지런히 하기를 예로 하면 백성들이 부끄러워함이 있고 또 선에 이르게 될 것이다. 그러므로 백성을 다스리는 것은 지엽적인 법제와 형벌만을 믿어서는 안 되며 마땅히 그 근본인 덕과 예를 깊이 탐구해야 한다는 것이다. 군자는 두루 사랑하고 편당(偏黨)하지 않으며 소인은 편당하고 두루 사랑하지 않는다. 군자는 덕을 생각하고 소인은 처하는 곳을 생각하며 군자는 형법을 생각하고 소인은 은혜를 생각한다.

군자는 자신의 본질로 충(忠)을 삼고 인으로 자신을 지켰으며 문밖으로 한 발자국도 떼지 않고 천 리 밖의 일을 알 수 있었다. 옳지 못한 행위를 하는 사람을 보면 충으로 그를 교화시켰고 함부로 폭력을 사용하는 사람을 만나면 인으로 그를 감화시켰으니 자신을 지키는 데 어찌 꼭 검이 필요하겠는가? 이렇게 공자의 지도자로서의 행동특성은 업무선도와 과업지향적 행동보다 배려 내지 관계지향적 행동을 더 많이 보여 주고 있다는 것이 밝혀졌다.

강석진은 동명목재 사장이요 동명그룹 회장으로 부산을 대표하는 대기업가다. 그러면서도 그를 가리켜 부산을 대표하는 자선가 강석진이라고 할 때 이의를 제기할 사람은 아무도 없을 것이다. 그것은 그가 돈 많은 재산가로서 공익과 어려운 처지에 놓인 이들의 구휼에 많은 기부금과 의연금을 내놓았기에 그런 칭호를 얻게 되었다기보다는 그의 마음 씀씀이 때문이라고 하는 것이 옳다고 본다.

공자는 무릇 '인이라는 것은 자기가 서고자 하는 곳에 남을 세우고 자기가 가고 싶은 곳에 남을 가게 하는 것(夫仁者 其欲立而立人 其欲達而達人)'이라 하였다. 나보다 남을 먼저 배려하는 이 마음과 행위를 인이라 할 수 있겠다. 여기서 인이란 부처의 자비, 예수의 박애와 함께 사람은 누구나 다 차마 어려운 사람을 보고는 참지 못하는 착한 마음인 측은지심(惻隱之心)이 남달라 자애롭고 정이 넘치는 마음을 가진 사람이다. 이러한 측은지심이 그로 하여금 사랑의 길, 자선의 길을 걷게 한 것이다.

강석진은 회사 직책에 있어서도 사장이다 부장이다 노동자다 하는 직책이 인간적인 차별로 전이되는 것에 반대했다. 이러한 것은 단지 일하기 좋게 직책상 구분한 것이고 일의 능률을 위한 제도이지 인간적으로 차별을 두기 위한 것은 아니라는 것이다. 우리 사회가 점차 인정이 메말라 가고 있기 때문에 동료·상하 간에 애정이 수반되지 않으면 원만한 인간관계가 이루어질 수 없다면서 회사 슬로건 끝에는 '다'·'자' 글자를 붙이지 않았다. 끝을 맺지 말고 여유를 주자는 의미이다. 상대방에게 생각할 여유를 주고 대인관계에 있어서도 구어체로 표현하면 계속 내 뜻과 상대방의 뜻을 주고받게 된다는 생각에서이다.

또 그는 "기업은 사람을 필요로 하고 사람은 기업이 필요하므로 이같은 관계에는 반드시 서로 주고받는 인정이 내재되어야 한다."고 밝히고 성실한 사람이 잘사는 사회가 소망이라면서 이 소망을 회사 경영에도 적용했다.

혈연이나 지연을 지양하고 사람됨과 능력에 따라 경영상의 문제를 맡겨 왔고 대인관계에 있어서도 지위의 높낮이를 가리지 않았다. 찾아온 손님이 지위가 높다고 해서 기다리지 않았고 지위가 낮은 사람이라도 자기가 만나야 될 사람이면 오랫동안 흉금을 털어놓았다. 사람을 믿는다면 끝까지 믿었고 권위를 내세우지 않았다.

강석진은 부산지역의 기업인으로서 국민의 신뢰를 얻었으며 의로움을 이로움보다 앞세워 솔선수범으로 자신의 재산을 헌납하고 훌륭한 인재등용을 위해 기술학교를 건립하여 전문적인 기술을 가진 인재를 키워 냈으며 빈부와 상하 간의 차별을 없애고 인간의 존엄성을 강조하면서 서로에게 인정을 베풀라고 하였고 자신 또한 철저한 절약정신으로 직분에 맡는 역할수행과 책임을 다하였다.

강석진은 동명목재라는 기업의 경영주로서 그리고 조국 근대화의 기수로 고도 경제성장의 견인차 역할을 담당했던 사람으로서가 아닌 인간적인 자선가의 귀감으로서 숭앙의 대상이라고 생각한다. 이렇게 강석진의 지도자로서의 행동특성은 행동특성의 분석틀로 분석한 결과 배려 내지 관계지향적 행동을 더 많이 보여 주고 있다는 것이 밝혀졌다.

(2) 탁월한 정보처리 행동과 기업가 역할

공자의 지도자의 행동특성을 민쯔버그의 지도자의 행동범주로 분석해 볼 때 대인관계 행동 중 통솔자의 역할 외에는 크게 돋보이는 것이 없다. 그러나 정보 처리 행동으로 정보수집자 역할, 정보제공자 역할, 대변인 역할을 훌륭히 수행하였고 의사 결정 행동으로 기업가 역할, 위기 관리자 역할, 자원 배분자 역할, 협상자의 역할도 돋보였다. 그 대표적 예는 아래와 같다.

공자가 51세에 노나라의 중도 지역 재상으로 임명되자 그 지역의 유력자들이 새로운 재상의 부임을 축하하러 왔다. 그다음 날 공자는 답례로 그들을 일일이 찾아가 그 지역에 관한 정보를 상세히 수집하고, 그를 환영하는 사람들 중 양재란 인물을 통해 토호와 나쁜 무리들에 대한 정보를 확보하고 해결방안을 모색하여 깨끗이 처리했다.

또 중도에는 실직자들이 많았는데 양재를 대표로 삼아 큰 공장을 지어 일용품을 생산토록 했다. 작업장마다 숙련공을 책임자로 하는 효율적인 인적관리 덕택으로 품질이 우수한 상품은 내수 충당은 물론 주변 국가에 수출까지 했다. 모든 거지들이 공장에서 일을 하게 되니 생활이 안정되었다. 직원의 보수체계에 성과급제를 도입했다. 공장의 수익으로 양로원을 짓고 의식주까지 공급하였다. 자급자족이 이루어졌으며 도둑이 없어졌다.

공자가 국가의 대사공(국토관리청장 격)으로 승진하여 그 직책을 수행함에 있어서도 대대적인 국토 조사를 실시하여 단 한 곳의 버려진 땅과 단 한 명의 실직자도 없었으며 백성들의 수입은 늘어났다. 그러나 많은 수익의 증대도 당시의 세력가인 삼환의 재산만 늘려 주었을 뿐 군주가 이들로부터 비용을 빌리는 것을 보고 공자는 계환자(季桓子)에게 강력히 건의하여 시정함으로써 자원 배분자의 역할을 충실히 이행하였다.

공자가 바라던 이상사회는 대동사회(大同社會)였다. 정치 철학자로서 현실 정치 질서에 대한 강한 불만을 가지고 있던 공자는 타락한 질서 속에서 실현 가능한 세계를 모색하였다. 『예기(禮記)』의 「예운

편(禮運篇)」에서는 만민의 신분적 평등, 재화의 공평한 분배, 인륜의
구현 등으로 특징되는 대동사회를 인류의 이상적인 사회형태로 상정
하는 사상이다. 공자는 나라에 대도(大道)가 실현된 시대를 고대에 두
었는데 요·순시대가 그 중심이라고 했다.

이 대동사상은 역대 제왕들의 이상적 통치 형태일 뿐 아니라 근대
중국의 혁명가인 쑨원(孫文, 1866~1925)도 최고의 이상사회로 삼았
으며 장제스(蔣介石, 1887~1975)도 다 같이 실천해야 할 이상사회로
보았다. 우리나라의 율곡 이이(李珥, 1536~1584)도 『성학집요(聖學
輯要)』에서 정치적 공효(功效)의 이상형으로 대동세계를 말하였다.
현대의 시각으로 볼 때 대동사회는 국민복지를 기초로 한 민주정치
체제를 방불케 한다. 공자가 생각하는 최고선인 대동사회를 실현하여
삶의 질을 향상시켜 주는 정치사회가 되기를 간절히 바란다.

강석진의 일생은 나무에 대한 애착으로 시종일관 목재사업에 투신
한 것은 누구나 알고 있는 일이다. 그의 성실한 성품과 절도 있는 생
활태도는 결국 그를 한강 이남의 최고 재벌로 성장하게 하였다. 광복
이후 한국의 경제는 수차례의 고난을 거듭하면서 현재 세계적인 무
역대국으로 발전하였다. 한국의 산업구조는 처음부터 무역을 통한 경
제입국을 목표로 한 수출정책으로 일관했다.

한국의 수출드라이브 정책은 동명목재의 합판수출로 그 서막을 열
었다. 문자 그대로 강석진은 현대 한국경제의 견인차가 되어 오늘의
번영을 이루는 공로를 세웠다. 그는 '기업의 발전이 곧 국가의 발전'
이라는 신념을 가지고 있었다. 강석진의 투철한 국가관은 개인이나
기업의 권리보다 국가의 필요와 당위를 먼저 생각하는 것이 특징이
다. 이러한 정신으로 자신이 할 수 있는 사회적 봉사와 희생을 끊임

없이 추구하였다.

공자가 직원의 보수체계에 성과급제를 도입했던 것처럼 강석진도 믿음과 책임감을 강조하면서 성과제와 실명제를 도입하였다. 동명목재의 종업원이 최고로 많을 때는 7,000명을 넘는 숫자였다. 합판의 하루 생산량도 엄청난 것이었다. 동명목재에서 생산되는 합판은 생산라인마다 고유의 표시를 해 두어 불량이 나오면 어느 라인에서 누가 만든 합판인지를 바로 알 수 있도록 하여 종업원들이 스스로 품질에 신경을 쓰도록 하였다. 말하자면 생산제품에 대한 실명제를 이미 그때부터 실시하였던 것이다.

이것을 계기로 사내 분위기는 지시하는 사람이 없어도 불꽃 튀는 경쟁이 마치 전투를 방불케 할 정도였고 직원 전체가 자발적으로 혼연일체가 되었다. 종업원들의 급료도 최고 수준으로 지급되었다. 이렇게 종업원들에게는 제품생산에 대한 책임을 철저히 강조하면서 동시에 자신은 경영인으로서 책임져야 할 급료문제, 즉 월급 날짜는 절대로 어겨서는 안 된다는 방침까지 세우고 있었고 추호도 어기는 적이 없었다.

강석진은 소년기에 인생의 고초를 겪은 적이 있었던 터라 그의 모든 베풂은 마음속 깊이에서 우러나오는 어여삐 여기는 마음, 측은지심의 발로였던 것이다. 이러한 측은지심은 기업체 사원 중에서도 특히 생산직 근로자들의 어렵고 고달픈 삶에 관심을 기울이지 않을 수 없었다. 여기서 그는 종업원의 복지문제에 대하여 깊은 상념에 빠지게 된다.

종업원들의 보수나 후생복지에 관한 한 결코 다른 기업체나 업종에 비하여 뒤지지 않을 만큼의 대우와 시설에 인색하지 않았다고 자부하면서도 그는 항상 후생복지의 증진을 위해 골몰하기 시작하였다.

고용주로서 고용자에 대한 대우와 복지향상을 위한 방책으로 가장 손쉬운 방법은 임금인상이지만 그것은 일시적인 방편에 불과하므로 항구적인 복지 방법이 필요하다고 생각했다.

생산직 종업원들은 어려운 살림살이기에 자제들의 교육을 제대로 뒷바라지할 수 없어 가난이 되풀이되는 딱한 사정이었다. 그래서 가난이 대물림되는 악순환으로부터 그들을 벗어나게 하려면 자제들에게 공부할 수 있는 기회와 장소를 만들어 배울 수 있는 여건을 조성하고 교육받을 수 있는 길을 터 주는 것이야말로 종업원의 항구적인 복지증진의 최선의 길이 될 것이라고 생각했다. 그리하여 동명 강석진은 학교를 세우자는 결론에 이르게 되었다.

이와 같이 동명문화학원이라는 학교법인을 설립하고 학교를 세우게 된 근본취지는 종업원들의 항구적인 복지 증진책의 하나로 학교를 세워 그들의 부담을 덜어 주고 자제들로 하여금 자질과 능력에 따라 마음껏 배울 수 있게 해 줌으로써 모든 종업원은 내일의 풍요로운 삶을 기약할 수 있는 터전을 닦아 준다는 것이 그 하나이고, 궁극적으로 기업이윤의 사회환원이라는 대의명분의 실천이 학원설립의 또 다른 취지였다.

동명 강석진이 바라던 이상사회는 불국토이다. 당시 우리 민족은 남과 북으로 분열되어 대립하고 있으며 급격한 산업화·도시화로 정신적인 혼돈과 물질지향적인 가치관의 팽배, 민족문화 경시풍조 등이 만연하고 있었다. 또한 산업문명의 부산물인 환경오염은 매우 심각하여 세계적인 차원에서 새로운 문명에 대한 갈망이 높아 가고 있었다. 그는 불교에 심취되어 독실한 신자생활을 하는 동안 상실되어 가는 인간성을 회복하는 것이 경제발전 못지않게 중요한 일이라고 기회 있을 때마다 생각했다. 그는 인간교화와 건전한 생활정신을 불교의 생활화를 통해 재건할 수 있는 수련의 도장을 마련하는 일이 시급하다고 느꼈다. 이에 불법을 바탕으로 충효사상과 호국정신을 키우고 선양할 도장을 건립하고자 하는 뜻을 세우게 되었다.

공자가 대동사회를 원했던 것처럼 강석진은 불교가 민족통일의 정신적 지주가 되어야 하며 인간의 욕망을 절제하고 자연환경을 살리는 새롭고 건강한 문명창조의 사상적 밑거름이 되어야 한다고 생각했다. 또한 물질과 경쟁위주의 사회에서 지나치거나 상처를 입은 많은 대중들을 동체대비(同體大悲)의 사상으로 포용하고 모두가 더불어 자유롭고 편안하게 살 수 있는 불국토를 이루고자 하였다.

결론: 공자와 강석진의 지도자적 자질의 현대적 재조명

본 연구는 지도자의 일반적 자질을 분석틀로 하여 공자와 강석진의 지도자적 자질을 분석하였다. 위대한 지도자의 자질의 핵심은 겸손이라는 것이다. 겸손과 관용을 유난히 강조한 공자야말로 동서양의 시공을 초월한 21세기 글로벌 지도자의 상징이라 할 수 있겠다. 따라서 본 연구는 공자의 지도자적 자질의 현대적 재조명이 21세기 지도자들에게 많은 시사점을 던졌다고 결론을 내리는 바이다.

최근 섬김 리더십이 새로운 리더십으로 등장하여 관심을 끌고 있다. 섬김 리더십이란 타인을 위한 봉사에 초점을 두고 종업원, 고객, 조직을 우선으로 여기며 그들의 욕구를 만족시키기 위해 헌신하는 리더십이다. 또한 섬기는 리더는 다른 사람을 지배하고 군림하는 상사가 아니라 섬기고 봉사하는 지도자를 말하는데 그 인물이 바로 동명 강석진이다.

강석진의 사회적 입장이 기업가이자 부산 지역의 유수한 재산가라는 것은 누구나 인정하는 사실이다. 그는 소유한 재산을 자신의 것으로 보지 않고 사회의 소외계층을 위해 재산을 헌납한 사회사업가이다. 그는 자신이 할 수 있는 일이란 바로 자신의 재산을 흩어 사회의 어두운 곳을 밝게 만드는 것이라고 했다. 그의 사회사업 활동에 대한 분야를 회고해 보면 그의 인생을 대표하는 기업경영에 대한 관심을 제외한 나머지 활동 분야가 바로 남을 배려하고 섬기고 봉사하는 자선가의 삶이었다.

『논어』에서 공자는 리더의 덕을 이렇게 묘사하고 있다. "리더의 따뜻한 배려는 바람과 같다. 따뜻한 바람이 불어오면 풀들은 그 바람에 고개를 숙인다(君子之德風 小人之德草 草上之風必偃)." 이 경우 군자는 위정자요 소인은 백성을 가리킨다. 즉 위정자가 솔선하여 몸가짐을 바르게 하면 백성은 그것을 배우게 된다. 그것은 흡사 풀이 바람에 나부끼는 것과 같다는 말이다.[51]

2,500년 전, 공자가 지도자적 자질로 이미 간파했던 겸손과 배려를 20세기의 동명 강석진이 고스란히 이어받았다. 강석진은 평생 따뜻한 바람 같은 배려와 보상으로 직원들을 금쪽같이 여기고 그들을 먼저 배려하고 존중하면서 그들의 마음을 얻고자 노력한 진정한 리더였다.

그리고 보면 공자는 하나의 다리와 같은 존재였다고 할 수 있다.

---

51) 모리야 히로시 지음, 고정아 번역, 『한비자: 관계의 지략』, 이끌리오, 2008, 68쪽.

과거와 현재 그리고 미래를 이어 주는 가교라는 것이다. 현재라는 다
리를 통해서 과거와 미래는 연결된다. 따라서 과거가 없다면 현재도
없고 미래도 존재할 수 없다. 그런 의미에서 공자와 강석진의 사상은
현재에 있어서도 중요한 것이며 미래를 열어 갈 수 있는 이정표(里程
標)와도 같은 것이다.

부록

부록 1. 각종 훈포상 수상 현황

	各種勳章	受賞旗	表彰 · 牌	총계
수출 · 산업	4	6	98	108
정부 유공	·	·	69	69
군 · 안보(예비군 포함)	·	·	31(78)	31(78)
해외(외교)	·	·	39	39
교육 · 체육	·	·	34	34
청소년 선도 · 사회 복지	1	·	34	35
불교 관계	·	·	11	11
晉州 朴氏 門中	·	·	4	4
기타	3	·	·	3
계	8	6	320(367)	334(381)

부록 2. 안보 관계 훈포상

연도	내용	종류	수여자	횟수
1970	반공정신 투철 및 애국	감사장	내무부 장관	1회
1971	제9회 진해군항제 협조 감사패 해병대학 제13기 방문기념 진해호국사 창건위원회 위원장 진해호국사 창건위원회 위원장 해군지원	감사장 감사패 감사패 추대장 추대장 기념패	진해 시장 해군준징 해병대학 13기 조계종총무원장 해군참모총장 해군소장	6회
1972	장병체력 향상 및 사기 진작 공헌 군수사령부 금련사 건립 공로 군수품 품질향상 기여	감사장 표창패 감사패	육군준장 조계종총무원장 국방부 장관	3회
1973	부산방위협의회 의장 감사패 병역의무자 계몽 기여 공로 호국사 법당과 석등 건립 호국사 낙성식 기념	감사패 감사패 감사장 기념패	부산시장 부산지방병무청장 해군참모총장 해군참모총장	4회

연도	내용	종류	수여자	횟수
1974	장병의 사기진작 협조 상장 국군모범용사 부산시민 환영대회 고문	감사패 상장 추대패	국방부 장관 제2896부대장 서울신문사 사장	3회
1975	동명목재상사 시설 견학 총력안보 부산시협의회 고문 국군모범용사 초대 부산시환영대회 고문 방위성금 기탁 총력안보태세 확립 기여 부산교육회광복30주년안보단합대회협찬	감사패 추대장 추대패 감사장 감사패	육군공병학교 총력안보부산시의장 서울신문부산지사장 부산시장 박영수 부산시 교육회장	5회
1976	민방위대 육성발전 불우 국가유공자돕기운동	표창장 감사패	부산직할시장 대한상이군경회	2회
1977	민·관·군·경유대강화 예비군육성발전	감사장	부산남구방위협의장	1회
1978	반공청년회 지도육성 상장 총력안보중앙협의회 지역방위성금 기탁	감사패 상장 감사패 감사장	반공청년중앙본부회 육군제7376부대장 총력안보의장 부산시 방위협의회	4회
1979	국군의 날	감사장	국방부장관	1회
1983	탁월 자유영도 평화통일 선봉	기념패	팔각회 총재	1회

부록 3. 불교 관계 훈포상

연도	내용	종류	수여자	횟수
1971	제1회 한·일 불교 세미나 협조 범어사 신도회장 해군사관학교 호국사 창건위원회 위원장 해군사관학교 호국사 창건위원회 위원장 세계고승합동대법회 대한불교조계종 전국 관음회	감사패 선임장 추대장 추대장 감사패 기념패	한일불교친선협회장 범어사 주지 조계종 총무원장 해군참모총장 세계불교연합이사장 관음회 회장	6회
1972	군수사령부 금련사 건립 공로	표창패	조계종 총무원장	1회
1973	호국사 법당과 석등 건립 진해 호국사 낙성식 기념 세계불교청년지도자대회 협조	감사장 기념패 감사패	해군참모총장 해군참모총장 세계불교청년대회장	3회
1978	부산 불교신도회	감사패	신도회장	1회

부록 4. 불교 관계 행사 참가

연도	행사 내용	참가 자격	횟수
1972	진해 해군사관학교 護國寺 준공 부산 군수기지사령부에 金蓮寺 준공	기증자	2회
1975	'부처님 오신 날' 공휴일 제정 기념 남북통일 기원대법회 및 '이차돈' 대공연 개최	후원자	2회
1976	부산불교신도회 · 제14교구 신도회 대의원대회 東明佛院 부산시에 헌납 범어사의 護國神鍾 타종식 참석 축사 '大韓佛敎 新聞'에 '나의 佛敎護持' 기사 게재	회장피선 기증자 후원자 투고자	4회
1977	부산불교회관 건립추진위원회 개최 대한불교 금강염화회 정기법회 참석 축사 동명불원 창건 및 개원식 거행 범어사 봉축행사 참석 축사	추진위원장 피선 후원자 기증자 후원자	4회

부록 5. 군위문 · 방위 · 통일 · 호국불교 관계

연도	행사 내용	자격	횟수
1967	팔각회 총재 취임	총재	1회
1968	八角會 初代總裁 피선 동해안 주둔 향토방위 위문금 100만 원 희사	총재 후원자	2회
1969	일선장병 위문단에 합판 1,000장 기증	후원자	1회
1972	진해 해군사관학교 護國寺 준공 부산 군수기지사령부에 金蓮寺 준공	기증자 기증자	2회
1975	滅共蹶起人會에서 방위성금 5,000만 원 기탁 해군부대 및 함정 방문 해군장병 위문 격려 군 부대 및 해군함정 방문 장병 위로 격려	후원자 후원자 후원자	3회
1976	八角賞 제정 범어사 護國神鍾 타종식에 참석 축사	총재 후원자	2회
1979	제3땅굴 시찰 장병 위로 격려	후원자	1회

부록 6. 교육 · 체육 관계

연도	행사 내용	자격	횟수
1971	제52회 전국체전 기금 300만 원 협찬	후원자	1
1972	부산시 체육회 육성발전 기금 300만 원 기탁	후원자	1
1973	제54회 전국체전 기금 500만 원 협찬	후원자	1
1977	학교법인 동명문화학원 설립 초대 이사장 취임	이사장	1
1978	전문대학설립계획(부지 47,000평, 교사 9,118평) 동원공업전문대학 설립	이사장 이사장	2
1979	동원공업전문대학 6개 학과 신입생 640명 개교	이사장	1

부록 7. B.B.S. 운동 · 불우 청소년 · 불우이웃 · 이재민: 원호성금

연도	행사 내용	자격	횟수
1964	사단법인 부산갱생보호위원협회 회장 역임 B.B.S. 부산시연맹 회장 취임	회장 회장	2
1965	부산 양정동 1,210,000원으로 직업소년회관 준공 부산시 동구 좌천동에 B.B.S. 회관 신축	후원자 회장	2
1967	빈민 65세대, 밀가루 65포 · 의류 65점 전달 B.B.S. 빈민 70세대, 쌀 · 침구 · 밀가루 전달 B.B.S. 학원생 X – 마스선물 운동화 390켤레 전달	후원자 후원자 후원자	3
1968	서부경남 수해 의연금 李基周 지사에게 전달 호남지방의 이재민을 위해 30만 원을 직접 전달 미 국무성 초청 B.B.S. 운동 및 산업시찰 B.B.S. 부산시연맹 회관 준공	기증자 기증자 회장 회장	4
1976	불우이웃돕기 성금(639,500원) 朴英秀 시장 전달	후원자	1
1977	이리역 폭발사고 이재민 위문금 100만 원 찬조	기증자	1
1978	부산시에 원호 성금 1억 원 기탁	기증자	1

윤미영—

중국근대사와 중국영화사를 전공하여 「추근(秋瑾)의 여성해방운동에 대한 일고찰」 숙명여자대학교에서 문학 석사학위를, 「淸末民初婦女解放運動硏究」으로 중국 북경사범대학교에서 역사학 박사학위를 취득했다. 그리고 신라대학교 사범대학 역사교육과를 졸업했다. 또 한국학술진흥재단의 박사후연수과정에 당선되어 동의대학교에서 Post Doc. 과정도 이수했다. 부산대학교 중국연구소 전임연구원과 사단법인 여성문제연구회 부산지회 연구이사를 역임했고, 신라대학교 여성문제연구소 연구위원으로도 활동하고 있다. 현재는 경남대학교 인문학부 강의전담교수로 재직하고 있다.

저서로는 『영화 속의 중국문화』, 『중국역사와 영화의 만남』, 『영화로 본 중국여성사』, 『중국근대여성사』 등이 있고 역서로는 『경극의 이해』(공저)가 있다. 「강유위의 ≪대동서≫에 나타난 여성해방사상」, 「中國近代婦女愛國運動與女權運動」, 「中國共産黨建黨初期的婦女運動」을 비롯하여 20여 편의 학술논문을 발표했다.

동명 강석진의 불교사상

따 뜻 한 바 람 같 은 배 려 의 C E O

초 판 인 쇄 | 2010년 10월 6일
초 판 발 행 | 2010년 10월 6일

지 은 이 | 윤미영
펴 낸 이 | 채종준
펴 낸 곳 | 한국학술정보㈜
주   소 | 경기도 파주시 교하읍 문발리 파주출판문화정보산업단지 513-5
전   화 | 031) 908-3181(대표)
팩   스 | 031) 908-3189
홈 페 이 지 | http://ebook.kstudy.com
E-mail | 출판사업부 publish@kstudy.com
등   록 | 제일산-115호(2000. 6. 19)

ISBN   978-89-268-1540-3 93220 (Paper Book)
            978-89-268-1541-0 98220 (e-Book)

내일을여는지식 ■ 은 시대와 시대의 지식을 이어 갑니다.